생각하는 교과서 어휘

ⓒ 2018 고정욱

1판 1쇄 펴낸날 | 2018년 4월 16일
1판 6쇄 펴낸날 | 2024년 12월 30일

지은이 | 고정욱
그린이 | 신대관
펴낸이 | 양승윤

펴낸곳 | (주)와이엘씨
출판등록 | 1987년 12월 8일 제1987-000005호
주소 | 서울특별시 강남구 강남대로 354 혜천빌딩 (우)06242
전화 | 02-555-3200
팩스 | 02-552-0436
홈페이지 | www.aladinbook.co.kr

Thinking Textbook Vocabulary
by Ko Jung-wook

Copyright ⓒ 2018 by Ko Jung-wook
Printed in KOREA

값 15,800원
ISBN 978-89-8401-771-9 73700

「이 도서의 국립중앙도서관 출판시도서목록(CIP)은 e-CIP 홈페이지(www.nl.go.kr/cip.php)에서 이용하실 수 있습니다. (CIP제어번호 : 2018008771)」

알라딘 북스는 (주)와이엘씨의 아동 전문 출판 브랜드입니다.

KC 공통안전기준 표시사항
① 품명 : 생각하는 교과서 어휘
② 제조자명 : 알라딘북스
③ 주소 : 서울시 강남구 강남대로 354
④ 연락처 : 02-555-3200
⑤ 제조년월 : 2024년 12월
⑥ 제조국 : 대한민국
⑦ 사용연령 : 8세 이상
⑧ 취급상 주의사항
 • 종이에 베이지 않도록 하세요.
 • 책의 모서리가 날카로우니 던지거나 떨어뜨려 다치지 않도록 주의하세요.
⑨ KC마크는 이 제품이 공통안전기준에 적합하였음을 의미합니다.

초등학생이 꼭 읽어야 할 필수 사전

생각하는 교과서 어휘

국어 · 사회 편

글 고정욱 | 그림 신대관

알라딘북스

 **머리말**

어휘는 총알이다!

대학 시절부터 나는 작가의 꿈을 가졌습니다. 작가가 되려면 무엇이 필요한가 생각해 보니 남들보다 뛰어난 어휘력이었습니다. 어휘를 많이 알아야 그 의미를 잘 알아 멋진 문장으로 감동적인 문학 작품을 쓸 수 있는 것이지요.

그때부터 책을 읽거나 신문을 볼 때 모르는 단어가 나오면 꼭 적어 두었다가 사전을 찾아보았습니다. 사전에 나온 뜻을 노트에 옮겨 적으며 단어장을 만들었고, 그 단어를 시간 날 때마다 익히려 애를 썼습니다. 그런 습관은 작가가 되는 데 중요한 밑거름이 되었습니다. 어휘를 많이 안다는 건 생각의 폭이 넓어진다는 뜻입니다. 사물을 설명하지 않고 그 사물의 이름을 알게 되기 때문입니다. 어휘력이 좋다는 건 수많은 사물을 내 것으로 만든 것이나 마찬가지입니다. 군인이 전쟁에 나갈 때 총알을 많이 가져가는 것과 다르지 않습니다.

초등학교 시절 교과서에 나온 필수 단어들을 꼭 내 것으로 소화해 놓지 않으면 중고등학교에 올라가서 아무리 많은 공부를 해도 모래에 탑을 쌓는 것과 같습니다. 책을 많이 읽고 글을 써 봐야 하는 이유도 바로 이러한 어휘를 내 것으로 만들기 위한 작업입니다. 이 책은 그런 어린이들을 위해 기획했습니다.

교과서에 나오는 단어들을 뽑아 재미있는 스토리텔링으로 단어들을 소개했습니다. 이야기를 통해 자연스럽게 단어의 쓰임을 알고 나면, 말뜻을 정리해 주고 생각할 거리들을 던져 줍니다. 또한 멘토링을 통해 지식을 깊게 만들어 주도록 구성했습니다. 뿐만 아니라 글쓰기에 필요한 다양한 논술을 통해 생각하는 훈련을 하도록 꾸몄고, 주어진 주제에 맞는 글을 씀으로써 실전을 익히도록 했습니다.

다시 말하지만 어휘는 총알입니다. 최대한 많이 익혀서 내 것으로 만들어야 합니다. 어린이들이 보다 똑똑하고 말을 잘하고, 글을 잘 쓰는 어른으로 성장하길 바랍니다.

2018년 봄, 북한산 기슭에서

고정욱

 차례

머리말 • 4

태민이는 질문 박사 • 8

행복한 전시회 • 18

게임보다 재미있는 독서 • 26

돌직구 동화 작가 선생님 • 34

왕따 조사 • 44

내 꿈은 무역왕 • 54

한여름의 추억 • 62

씨름 도장 • 72

내 친구 제레미 • 80

할아버지 만나러 가는 날 • 88

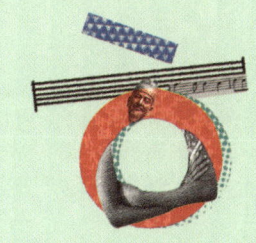

민우네 새 가족 · 98

추억을 실은 캠핑카 · 106

캐빈의 서울 관광 · 116

아름다운 회장 선거 · 126

기발한 학예회 · 134

카페에서 알게 된 것 · 142

국민이 만드는 나라 · 150

신나는 농촌 체험기 · 158

우리 집 경제 위기 대처법 · 168

지구촌 난민 돕기 · 176

1단계
단어를 담은 스토리텔링

태민이는 질문 박사

　태민이 어머니는 교육에 관심이 많으십니다. 항상 책을 읽는 것만 봐도 잘 알 수 있습니다. 그날도 태민이가 학원에 들렀다 집에 돌아가자 어머니가 문득 물어보셨습니다.
　"태민아, 오늘 수업 시간에 선생님께 질문했니?"
　"네? 지, 질문이요? 왜요?"
　엄마가 물어보니 태민이는 **엉겁결**에 되물었습니다.
　"응, 엄마가 읽은 유태인 교육법에 보면 유태인 엄마들은 아들이 학교에서 돌아오면 수업 시간에 무얼 질문했냐고 꼭 물어본대."
　태민이는 오늘 있었던 일을 **기억**해 보았습니다. 그렇지만 수업 시간에 질문하는 아이들은 별로 없었습니다. 특별히 생각나는 것도 없습니다.
　"질문 안 했구나?"

엄마가 태민이의 눈치를 살피더니 물었습니다.

"네……."

"괜찮아. 하지만 내일은 꼭 질문하렴."

"알았어요."

태민이는 생각해 보았습니다. 학교 수업은 질문을 자유롭게 하는 **분위기**가 아닙니다. 선생님이 틀어 주는 자료와 영상을 보면서 교과서에 체크하기 바쁘니까요.

'뭘 질문해야 하지?'

방에 들어온 태민이는 살짝 고민이 되었습니다.

그 다음날도 수업을 마치고 집에 오자 엄마는 또 물었습니다.
"태민아, 오늘은 수업 시간에 질문했니?"
"아니오. 저 그게……."
당황할 때면 말을 더듬는 게 태민이의 버릇입니다.
"또 질문 안 했구나?"
"네……."
태민이가 풀죽어 고개를 숙이자 엄마가 다정하게 말했습니다.
"내일은 꼭 하렴."
"저 엄마, 그런데 꼭 질문을 해야 돼요?"
"왜?"
"좀 **곤란**해서요."
"질문하는 게 뭐가 곤란해? 예전에 오바마 대통령이 우리나라에 왔을 때 한국 기자들에게 질문하라고 그랬는데 한 사람도 질문하지 않아서 중국 기자가 대신했어. 그걸 보고 엄마는 얼마나 부끄러웠는지 몰라."
질문 안 했다고 미국 대통령까지 나오니 태민이는 할 말이 없었습니다. 어떻게든 질문을 해 봐야 할 것 같았습니다.
이튿날 수업 시간이었습니다. 태민이 얼굴에 **근심**이 가득했습니다.
'오늘 질문 안 하면 엄마한테 뭐라고 말하지?'
모둠에 있는 아이들은 열심히 선생님이 말하는 것을 받아 적고 있었습니다. 선생님은 새로운 개념을 설명해 주고 있었습니다.
우리 **고장**을 바로 알아보자는 내용인데 지도의 사용법과 위치 확인법

에 대해 설명했습니다. 태민이는 선생님의 이야기를 집중해 듣게 되었습니다. 질문할 거리를 찾아야 했기 때문입니다. 수업이 끝날 무렵 태민이가 조심스럽게 손을 들었습니다.

"선생님, 질문 있습니다."

"그래, 태민아 질문이 뭐니?"

"아까 선생님이 지도에는 **방위**가 있다고 설명하신 내용 중에서 잘 모르는 게 있었어요."

"어떤 부분이 궁금했어?"

태민이는 부끄러움을 꾹 참고 말했습니다.

"나침반이 방위를 알려 주는 건가요?"

"음, 그건 지구가 거대한 자석이기 때문에 나침반의 작은 자석도 N극과 S극을 가리키게 되는 거야. 그건 지구 위 어디에서나 마찬가지란다. 그래서 우리는 방위를 통해 내 위치를 알 수 있단다."

선생님이 친절하게 설명해 주었습니다.

집에 온 태민이는 엄마를 보자마자 말했습니다.

"엄마, 엄마! 나 오늘 질문했어요."

엄마는 눈을 동그랗게 뜨고 태민이가 질문한 내용을 들었습니다. 우리 고장과 지도와 방위를 잘 이해한 것 같았습니다.

"아이고 잘했구나. 우리 태민이 내일도 꼭 질문하도록 해."

엄마가 태민이 엉덩이를 톡톡 두드려 주었습니다.

"네!"

질문을 해 보니 태민이는 수업에 좀 더 **흥미**를 느끼게 되었습니다.

"엄마, 유태인들이 왜 똑똑한지 알겠어요."

"왜?"

"질문을 많이 하기 때문에 수업이 재미가 있는 거예요."

"그래, 옛 **속담**에도 있잖아. 손자에게도 모르는 건 물어보고 배운다고."

"맞아요. 전 앞으로 질문을 많이 하는 질문 박사가 될 거예요."

"호호호!"

태민이는 앞으로 질문 잘하는 아이가 되기로 결심했습니다.

2단계
고 박사님의 단어 노트

 **이야기에 담긴 단어 알기**

1 **엉겁결:** 미처 생각하지 못하거나 뜻하지 않은 순간.
2 **기억:** 이전의 인상이나 경험을 의식 속에 간직하거나 되살려 생각해 냄.
3 **분위기:** 그 자리나 장면에서 느껴지는 기분. 주위를 둘러싸고 있는 상황이나 환경.
4 **곤란:** 사정이 매우 딱하고 어려움. 또는 그런 일.
5 **근심:** 해결되지 않은 일로 속을 태우거나 우울해 함.
6 **모둠:** 학교에서 효율적인 학습을 위해 학생들을 작은 규모로 묶은 모임.
7 **고장:** 사람이 많이 모여 사는 지방이나 지역.
8 **방위:** 동, 서, 남, 북 네 방향을 기준으로 나타내는 어느 쪽의 위치.
9 **흥미:** 흥을 느끼는 재미.
10 **속담:** 예로부터 민간에 전해 오는 쉬운 격언이나 잠언.

 **고 박사님의 멘토링**

유태인들은 2000여 년 간 나라를 잃고 방황한 사람들입니다. 간신히 나라를 세웠지만 주위엔 온통 적들뿐이었습니다. 그런데도 이스라엘은 그 막강한 적들 사이에서 잘 버티고 있습니다. 이유는 아주 간단합니다. 국민들이 창의적이고, 토론과 대화를 습관화했기 때문입니다. 질문을 잘하고 수업 시간에 열띤 토론과 대화가 있어서 노벨상을 열 두 번이나 받은 나라가 되었다고 볼 수 있습니다.

 **속담은 언제부터 쓰였을까요?**

우리나라에서 '속담'이란 말이 처음 쓰인 것은 조선시대부터라고 합니다. 하지만 이건 속담이라는 말이 책에 실린 걸 말합니다. 실제로 속담이 쓰인 건 아마 더 오래 전부터일 것입니다. 조선 중기《어우야담》이나《동문유해》같은 책에 속담이라는 말이 있습니다. 이런 속담은 먼저 어떤 역사적 사건이 있을 때 생겨나기도 합니다. 예를 들면 '평양감사도 저 싫으면 그만이다' 같은 건 실제로 평양감사를 관둔 사람이 있어서 만들어진 속담입니다. '까마귀 날자 배 떨어진다'는 속담은 우연히 일어난 일들이 자꾸 생기면서 만들어진 것입니다.

3단계
개념을 위한 논술 교실

1 다음 단어를 넣어서 문장을 완성해 보세요.

엉겁결:

분위기:

곤란:

근심:

모둠:

2 평소에 선생님이나 부모님께 궁금했던 것들을 질문으로 만들어 보세요.

1)

2)

3)

3 내가 학교에서 질문을 잘하게 된 이유, 또는 잘하지 않게 된 이유는 무엇인지 생각해 보고 글로 써 보세요.

1단계
단어를 담은 스토리텔링

행복한 전시회

"엄마, 다녀오겠습니다!"

신이 난 태석이는 아빠 손을 잡고 집을 나섰습니다.

"여보, 수고해요. 피곤하겠어요. 일요일 날 쉬지도 못하고."

"아니야. 모처럼 아들과 전시회 구경 가니 좋지 뭐."

엄마는 흐뭇한 얼굴로 태석이와 아빠가 멀어질 때까지 바라봤습니다. 오늘 태석이가 아빠와 함께 집을 나서는 것은 월요일 학교에 내야 할 숙제 때문입니다.

"아빠, 내일까지 감상문 써내야 되는데 아직 못했어요. 어떻게 하지요?"

아침에 눈을 뜨자마자 태석이는 울상이었습니다. 선생님이 월요일까지 전시회나 공연을 보고 감상문을 써 오라고 했기 때문입니다. 늦잠을 자던 아빠는 부스스 눈을 뜨며 말했습니다.

"그럼 오늘 아빠랑 오랜만에 전시회 보러 갈까?"

"정말요? 좋아요!"

"전시회 구경하고 오면서 맛있는 것도 사 먹고."

"와! 신난다."

이런 걸 전화위복이라고 하는 모양입니다. 그렇게 해서 태석이는 아빠와 전시회를 보러 시내로 나갔습니다. 커다란 **문화** 회관 안에 있는 미술관에서 전시회가 열렸습니다. 제목은 '**개발도상국** 문화제'였습니다.

"아빠, 이게 무슨 전시회예요?"

"아빠 친구가 준비한 개발도상국 문화제 전시회야."

"개발도상국이요?"

"그래, 선진국 문화만 훌륭한 건 아니야. 어느 민족이나 **전통문화**를 가지고 있어. 그런 다양한 전통문화를 공부하는 것도 중요하단다."

태석이는 고개를 갸우뚱거리며 아빠를 따라 전시관으로 들어갔습니다. 전시관에는 아프리카와 남미 같은 개발도상국에서 온 예술품들이 전시되어 있었습니다. 그림도 있고 도자기나 **항아리** 같은 것도 있었습니다.

"이게 뭐예요? 너무 유치해요."

"태석아, 그동안 우리는 서구 중심의 사고방식에 길들여 있었단다. 화려하고 세련된 것만 좋은 게 아니야."

투덜대며 전시회를 구경하던 태석이가 아프리카 어린이들이 머리에 나무 조각 몇 개를 이고 가는 그림을 보고 물었습니다.

"아빠, 이건 뭐예요?"

"아이들이 10킬로미터 밖에서 **땔감**을 구해 오는 그림이야."

"그럼 저건 뭐예요?"

이번에는 짚으로 지붕을 얹은 진흙집이 들어선 마을에서 사람들이 모여 춤추는 그림을 보며 물었습니다.

"아프리카는 아직 **마을 공동체**가 살아 있어. 마을마다 작은 나라처럼 모든 것을 의논하고 결정한단다. 이 그림은 마을 공동체에서 축제를 벌이는 모습을 담은 거야. 우리도 옛날에는 마을에서 함께 생활하는 **전통**이 있었단다. 요즘은 핵가족 제도 때문에 거의 사라졌지만……."

물을 떠오기 위해서 **반나절**씩 물통을 들고 메마른 길을 가는 또 다른 아이들 그림을 보자 태석이는 마음속에 조금씩 미안한 감정이 생기기 시

작했습니다.

"우리는 정수기만 누르면 먹을 수 있는 물이 나오잖아요."

"그래, 우리는 너무 편하게 살고 있지. 편리한 문명을 즐기고 있지만 저 아이들은 전통문화를 지키면서 밝게 웃고 있지 않니?"

"맞아요."

그렇게 생각하니 태석이는 풍요로운 우리나라에 사는 것이 너무나 고맙다는 생각이 들었습니다.

"아빠, 그림도 **감동**이지만 사실은 내가 우리나라에서 살고 있다는 게 너무나 고마워서 감동이 되는 것 같아요."

"야, 우리 태석이가 전시회 보더니 철들었구나."

"앞으로는 내가 가지고 있는 것들에 정말 감사해야겠어요."

"그래, 그런 감사를 느끼는 게 바로 **행복**이란다. 오늘 제대로 감동받았지? 하하!"

"아빠, 우리 가끔 이렇게 전시회 보러 와요."

"그래, 그러자."

그날 점심 때 태석이는 비싼 스테이크를 먹으려다가 아빠와 함께 추억을 되살리며 시장 골목에서 빈대떡에 칼국수 한 그릇을 먹었습니다. 그것도 아프리카나 개발도상국 아이들에게는 과분한 음식이라는 생각을 하자 마음이 더욱 행복해지는 것 같았습니다.

2단계
고 박사님의 단어 노트

 **이야기에 담긴 단어 알기**

1. **문화:** 일정한 목적이나 생활 이상을 실현하고자 사회 구성원에 의해 습득, 공유, 전달되는 행동양식이나 생활양식.
2. **개발도상국:** 산업의 근대화와 경제 개발이 다른 선진국에 비해 뒤떨어진 나라.
3. **전통문화:** 그 나라에서 발생해 전해 내려오는 그 나라만의 고유한 문화.
4. **항아리:** 아래위가 좁고 배가 부른 모양의 질그릇.
5. **땔감:** 불 때는 데 쓰는 재료.
6. **마을 공동체:** 여러 집들이 모여 생활이나 행동 또는 목적 등을 같이하는 집단.
7. **전통:** 집단이나 공동체에서 계통을 이루며 전해 내려오는 사상, 관습, 행동 등의 양식.
8. **반나절:** 하루 낮의 반.
9. **감동:** 크게 느껴 마음이 움직임.
10. **행복:** 생활에서 커다란 만족과 기쁨을 느껴 흐뭇함. 또는 그러한 상태.

 고 박사님의 멘토링

《지구가 100명의 마을이라면》이라는 책에 보면 그 가운데 40명은 수도가 없는 곳에 살고 있다고 합니다. 그리고 17명은 글씨를 전혀 읽고 쓰지 못합니다. 교육의 혜택을 받지 못하는 거죠. 그뿐만이 아닙니다. 20명은 하루에 1달러도 안 되는 돈으로 살아가야 합니다. 이것만 보아도 지금 우리가 얼마나 많은 것을 누리고 사는지 생각해 볼 수 있습니다. 지금 나의 생활에 감사하며 힘들고 어려운 다른 사람들을 생각하고, 그들과 함께 나누며 살아가는 방법을 찾아보는 것이 필요합니다.

 개발도상국이라는 말은 무슨 뜻일까요?

우리나라도 얼마 전까지는 가난한 나라였습니다. 그랬던 나라가 경제적으로 부를 쌓고 온 국민이 노력해 세계 10위권의 강대국을 만들었습니다. 개발도상국은 개발 중에 있는 나라라는 뜻입니다. 다시 말해 이미 발전한 선진국에 비해 기술 및 제도 등이 제대로 보급되지 않아 경제 개발이 크게 늦어진 나라입니다. 때문에 이러한 개발도상국은 경제 성장을 목표로 발전해 가고 있습니다. 선진국 몇 나라를 제외한 나머지 나라들이 포함됩니다. 동유럽, 동남아시아, 서아시아, 중앙아시아, 남아시아, 아프리카 및 중남미에 자리 잡고 있습니다.

3단계
개념을 위한 논술 교실

1 다음 단어를 넣어서 문장을 완성해 보세요.

감동:

전통문화:

땔감:

행복:

반나절:

2 우리나라의 문화 가운데 세계적으로 인정받는 것을 세 가지만 써 보세요.

1)

2)

3)

3 세계적으로 한류 열풍이 불고 있어요. 우리나라 아이돌 가수나 드라마가 외국인들에게 왜 인기가 있는지 생각해 보고, 글로 써 보세요.

**1단계
단어를 담은 스토리텔링**

게임보다 재미있는 독서

　토요일 오후, 민석이는 신나게 게임을 합니다. 엄마와 아빠가 토요일 하루만 게임을 허락했기 때문입니다.
　"뿅뿅뿅뿅!"
　게임에 **몰두**하면 시간이 참 잘 갑니다. 주중에는 학원을 다녀야 하고, 숙제에, 각종 시험 문제 풀이에, 스트레스가 쌓이기만 했던 민석이입니다. 이렇게 주말이 되어 게임에 몰두하면 모든 스트레스가 다 풀립니다. 이 1시간을 위해 일주일을 기다린다고 할 정도입니다.
　"야호, 한 판 깼다!"
　신나서 게임에 빠져 있던 민석이는 시간이 가는 줄도 몰랐습니다. 어느덧, 시계 바늘은 엄마, 아빠와 약속한 시간보다 1시간을 훌쩍 넘긴 시간을 가리키고 있었습니다.

"민석아, 게임 그만해라."

아빠가 방으로 들어와 엄한 표정을 지었습니다.

"네……."

아빠가 이렇게 말하면 조심해야 합니다. 아쉽긴 했지만 1시간 허락받았는데 2시간이나 게임을 해서 더는 할말이 없었습니다.

"게임보다는 마음의 양식인 책을 읽어야지."

아빠는 꼭 국어책에나 나올 것 같은 말만 합니다.

"재미있는 책이 없어요."

"그럴 리가. 아빠 월급으로 얼마나 많이 책을 샀는데. 어디 보자."

아빠는 민석이의 책장을 훑어보았습니다.

"세계 명작 동화도 있고, 한국 문학 전집도 있고……."

아빠는 책장 위아래를 훑더니 책 한 권을 꺼냈습니다. 《몽테크리스토 백작》이었습니다.

"이 책은 아빠가 어렸을 때도 읽었던 거야. 열 번도 더 읽었지. 읽을 때마다 정말 손에 땀을 쥐게 한단다. 너도 한번 읽어 봐라. 읽고 나면 막 **감상문**도 쓰고 싶어질 걸?"

"저 숙제해야 하는데요?"

민석이는 슬그머니 딴 구실을 대려 했습니다.

"핑계 대지 마. 게임할 시간은 있고, 책 읽을 시간은 없다니. 아빠도 옆에서 책 한 권 읽어야겠다."

책을 한 권 꺼낸 아빠는 민석이 침대에 누웠습니다. 이렇게 아빠가 지키고 있으면 꼼짝할 수가 없습니다.

"쳇!"

민석이는 투덜대며 억지로 책을 펴 들었습니다. 《몽테크리스토 백작》의 문장들은 프랑스의 과거를 다루어서인지 조금은 딱딱했습니다. 하지만 읽기 시작하자 금세 이야기에 빠져들게 되었습니다.

주인공인 에드몬 단테스가 이유도 모르고 죄수의 **신세**가 되면서부터 이야기가 흥미롭게 펼쳐졌습니다. **인권**이라곤 없이 감옥에 갇혀 오랜 시간 자신이 왜 갇혔는지도 모르는 **장면**에서는 저도 모르게 주먹이 불끈 쥐어졌습니다. 옆에서 보고 있던 아빠가 물었습니다.

"분량이 많아서 **부담**되니?"

"아, 아니요. 재미있어요."

아빠는 그거 보라는 듯 빙그레 미소를 지었습니다.

"그렇지? 아빠가 뭐랬니? 책 읽다가 모르는 **낱말**이 있으면 나중에 사

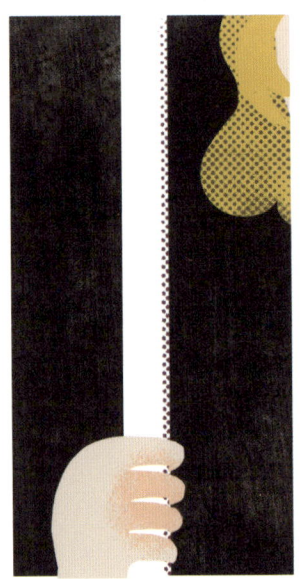

전도 찾아보고 그래."

"알았어요."

　감옥을 탈출한 몽테크리스도 백작은 숨겨져 있던 엄청난 보물과 **돈**을 발견했습니다. 그리고 그 돈을 가지고 자신을 감옥에 보낸 자들을 하나씩 곤경에 빠뜨렸습니다. 알고 보니 그들은 단테스를 불행해 빠뜨릴 **속셈**으로 일을 꾸민 친구들이었습니다. **등장인물**들이 벌이는 사건에 푹 빠져서 민석이는 1시간 만에 책 한 권을 다 읽었습니다.

"아빠, 다 읽었어요. 재미있어서 시간 가는 줄도 몰랐어요."

"그래, 앞으로 독서에 재미를 붙여 봐. 책을 읽고 무얼 느꼈니?"

"정의는 반드시 이긴다는 걸 알았어요. 그리고 친구를 위험에 빠뜨리는 자들은 정말 용서받지 못한다는 것도 알았어요."

"오오, 아주 멋지구나."

아빠는 흐뭇한 얼굴로 민석이를 바라보았습니다.

"그런데 아빠, 저는 이 책 보고 화가 좀 났어요."

"왜?"

아빠가 눈을 동그랗게 떴습니다.

"왜 이런 재미있는 내용의 게임은 없는 거죠?"

"뭐 뭐라고? 아이고, 이 녀석아! 하하하!"

아빠와 민석이는 마주보고 웃었습니다.

2단계 고 박사님의 단어 노트

이야기에 담긴 단어 알기

1. **몰두:** 온 정신을 기울여 열중함.
2. **감상문:** 어떤 사물이나 현상을 보고 느낀 것을 쓴 글.
3. **신세:** 주로 불행한 일과 관련된 개인의 처지 또는 형편.
4. **인권:** 인간으로서 가지는 기본적인 권리.
5. **장면:** 어떤 장소에서 밖으로 드러난 면이나 벌어진 광경.
6. **부담:** 어떤 의무나 책임을 지는 것.
7. **낱말:** 단어. 분리하여 자립적으로 쓸 수 있는 말.
8. **돈:** 사물의 가치를 나타내는 것으로 재물이나 재산을 달리 이르는 말.
9. **속셈:** 마음속으로 하는 궁리 또는 계획.
10. **등장인물:** 연극, 영화, 소설 등에 나오는 인물.

 **고 박사님의 멘토링**

읽는다는 것은 눈으로 문자를 익히고 이해해 얻은 정보와 감정을 내 두뇌에 저장하는 행위입니다. 지금처럼 다양한 매체나 별다른 오락이 없던 과거에는 독서가 큰 즐거움이기도 했습니다. 이와 비슷한 즐거움은 음악 듣기, 미술 작품 감상하기 등이 있습니다. 독서가 특히 힘든 이유는 적극적으로 내가 읽어야만 그 내용이 머리에 쏙쏙 들어온다는 사실입니다. 하지만 그만큼 독서는 큰 감동과 여운, 즐거움을 줍니다.

 **이야기 속 등장인물에 대해 알아볼까요?**

이야기 속에는 등장인물이 꼭 있어야 합니다. 이 등장인물들이 활동하는 것이 우리에게 흥미를 주기 때문입니다. 아무 등장인물이나 나온다고 재미가 있는 건 아닙니다. 등장인물 가운데서도 캐릭터가 분명한 사람이 주연이나 조연이 되어 사건을 이끄는 것입니다. 고전 소설에서 대개 주인공으로 그려지는 등장인물은 뛰어난 능력을 가지고 고난을 겪은 사람들입니다. 그런 고난을 이겨내고 은인이자 친구, 동료들의 도움과 격려로 큰 업적을 이루는 이야기가 많이 있습니다.

3단계
개념을 위한 논술 교실

1 다음 단어를 넣어서 문장을 완성해 보세요.

감상문: _____

신세: _____

인권: _____

부담: _____

몰두: _____

2 게임이나 텔레비전이 없던 시절, 무슨 놀이를 하고 놀았는지 대표적인 놀이를 써 보고 놀이 방법을 간단히 설명해 보세요.

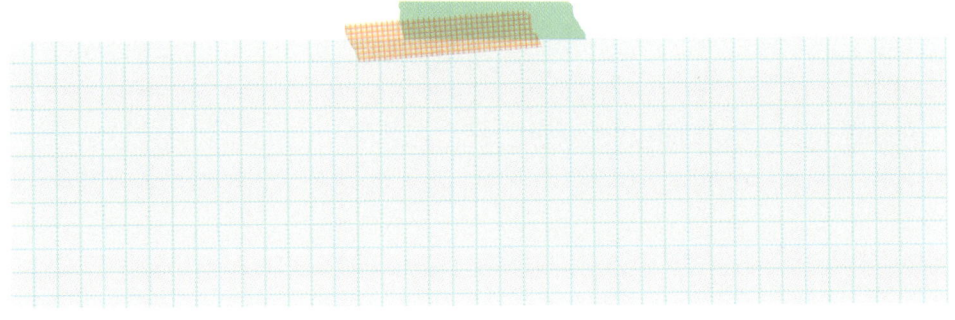

3 독서의 장점이 무엇인지 써 보고, 게임과 비교해서 어떤 점이 단점인지도 써 보세요.

**1단계
단어를 담은 스토리텔링**

돌직구 동화 작가 선생님

"선생님, 안녕하세요?"

민아는 설레는 마음으로 동화 작가 선생님을 찾아갔습니다. 108호에 사는 선생님은 민아와 같은 아파트 주민입니다. 동화 작가 선생님과 가까워지게 된 건, 우연히 엘리베이터에서 선생님을 알아본 민아가 먼저 인사를 하면서부터입니다.

"선생님, 동화 작가시죠?"

"맞아, 어떻게 알았어?"

"선생님 보니까 제 동화책에 있는 작가 소개 사진하고 똑같아요."

"그렇구나."

선생님의 동화는 교과서에도 실려 있기 때문에 민아는 단번에 알아봤습니다.

"저 혹시 선생님 집에 놀러가도 되나요?"

민아가 당돌하게 물어봤습니다. 그런데 선생님은 환하게 웃으며 대답했습니다.

"그럼, 언제든지 놀러와."

"와, 고맙습니다!"

그렇게 해서 동화 작가 선생님과 민아는 친구가 되었습니다.

"선생님, 저도 동화 작가가 꿈이에요. 제가 쓴 글 좀 봐 주세요."

며칠 전, 민아는 선생님에게 글 한 편을 건넸습니다.

"그럼! 내가 꼭 봐 줘야지."

선생님은 반가워하며 민아의 글을 받아 집으로 들어갔습니다. 그리고 오늘이 바로 그 글의 평가를 받으러 가는 날입니다. 어젯밤에 작가 선생님이 민아에게 직접 연락을 했습니다. 민아는 두근거리는 마음으로 초인종을 눌렀습니다.

"민아야, 어서 와."

선생님은 반갑게 민아를 맞아 주었습니다.

"글을 아주 잘 썼던 걸. **띄어쓰기**도 잘하고, **문장 부호**도 딱 알맞게 잘 넣었어."

"정말요? 제가 국어를 좀 좋아해요."

"그래, 그런데 말이야. 여기에 있는 이 글을 한번 보자."

서재에 민아를 데리고 간 선생님은 민아가 쓴 **문장** 하나를 보여 주었습니다.

아기방울 **딸랑딸랑**
돌덩이가 **데굴데굴**

"이렇게 소리라든가 모양을 표현하는 글은 아주 잘 썼어. 아무리 봐도 우리 민아는 시를 잘 쓰는 것 같아."
"와, 선생님 정말요? 저도 시인이 될 수 있을까요?"
"그럼! 열심히 노력하면 되지. 자, 이번에는 이 문장을 보자."

교실에서 까부는 아이들은 공부도 잘 못하면서 남에게 피해만 준다.

"그런데 이 문장에는 **근거**가 없어."
"걔네들은 그냥 공부 못하던데요?"
"하하, 그래서는 곤란해. 모든 글이나 주장에는 근거가 있어야 돼. 까부는 아이가 공부를 못 할 수도 있지만 잘하는 아이도 있을 수 있거든."
"그러고 보니 우리 반 철민이는 까부는데도 공부를 잘하네요."
"그것 봐. 이렇게 한 두 사람의 이야기를 전체라고 단정 지으면 좋은 글이 될 수 없단다. 자, 다음 문장을 보자."

엄마가 라면을 끓여 주어서 나는 그 라면을 호로록 맛있게 먹었다.

"약간 지루하지?"

"뭐가요?"

"라면이 한 문장에 두 번이나 나오잖아?"

"그럼 어떻게 해요?"

"**반복**되는 것은 좋지 않아. '엄마가 끓여 준 라면을 호로록 맛있게 먹었다.'라고 하는 게 훨씬 낫지."

"아, 그렇구나."

"문장에서는 같은 말이 나오면 지루해져. 그리고 **외래어**도 잘 써야 돼. 외래어는 알맞은 표기법이 있단다. 예를 들어 '케이크'를 '케잌'이라고 쓰면 안 돼."

선생님은 하나하나 쉽게 글쓰기 지도를 해 주었습니다. 아주 자상하고 친절한 가르침이었습니다.

엄마가 화가 날 때 눈에서 레이저 광선이 나온다.

"이 **비유**는 아주 훌륭해. 계속 글을 쓰고 노력하면 선생님이 나중에 제자로 받아 줄게."

"와, 정말요?"

민아는 이게 꿈인가 생시인가 싶었습니다.

"그 대신 약속이 있어."

"뭔데요?"

"매일매일 **일기**를 쓰도록 해. 일기를 많이 쓰는 건 글쓰기에 좋은 훈련이란다."

"네, 알겠습니다!"

그날부터 미나에게는 동화 작가라는 꿈이 생겼습니다. 앞으로 열심히 일기를 쓰고 글쓰기 연습도 할 생각을 하니, 동화 작가 꿈을 위해 한 걸음 내딛은 기분이 들었습니다.

2단계
고 박사님의 단어 노트

이야기에 담긴 단어 알기

1. **띄어쓰기**: 글을 쓸 때, 어문 규범에 맞춰 어떤 말을 앞말과 띄어쓰는 일.
2. **문장 부호**: 문장의 구조를 잘 드러내거나 의미를 전달하기 위해 쓰는 여러 가지 부호.
3. **문장**: 생각 또는 감정을 말과 글로 표현할 때 완결된 내용을 나타내는 최소 단위.
4. **딸랑딸랑**: 작은 방울이나 매달린 물체가 흔들릴 때 나는 소리. 또는 그 모양.
5. **데굴데굴**: 큰 물체나 물건이 계속 구르는 모양.
6. **근거**: 근본이 되는 중요한 지점.
7. **반복**: 같은 일을 계속 되풀이함.
8. **외래어**: 외국에서 들어온 말로 우리나라 말처럼 쓰이는 단어.
9. **비유**: 어떤 현상이나 사물을 비슷한 현상이나 사물에 빗대어서 설명하는 일.
10. **일기**: 매일매일 그날 겪은 일이나 생각, 느낌 등을 글이나 그림으로 기록하는 것.

 고 박사님의 멘토링

가끔 글쓰기를 잘하고 싶다는 어린이들이 찾아와 어떻게 하면 글을 잘 쓸 수 있냐고 물어봅니다. 그러면 내 대답은 아주 간단하지요. 일단 책을 많이 읽으라는 것입니다. 요리사가 요리를 잘하려면 남이 만든 음식을 많이 먹어 봐야 하겠지요? 그런 것처럼 글쓰기도 남들이 무엇을 가지고 글을 썼는지 많이 읽고 잘 살펴보는 것이 중요합니다. 다양한 글을 읽는 것만큼 많이 연습하고 써 보는 것도 중요합니다. 무엇이든 자꾸 쓰면서 선생님이나 주변 사람들에게 보여 주고, 의견을 듣고 수정을 하는 과정을 많이 거칠수록 글쓰기 실력이 향상될 수 있습니다.

 의성어와 의태어는 무엇일까요?

'딸랑딸랑'과 '떼굴떼굴' 같은 말들을 우리는 의성어, 의태어라고 합니다. 의성어는 소리를 흉내 내는 말입니다. '찰싹찰싹', '풍덩풍덩', '와장창' 등 이런 말들이 다 의성어지요. 의태어는 모양이나 태도를 흉내 내는 말입니다. '으쓱으쓱', '움찔움찔', '살금살금' 등 이런 말은 다 모양을 흉내 낸 의태어입니다. 우리말은 의성어와 의태어가 많이 발달해 있습니다. 잘 익혀서 쓸 수 있다면 더욱 생동감 넘치는 글이 됩니다.

3단계
개념을 위한 논술 교실

1 다음 단어를 넣어서 문장을 완성해 보세요.

띄어쓰기:

문장:

근거:

일기:

비유:

2 글을 잘 쓰려면 다음의 세 가지를 많이 해야 한다고 해요. 왜 그런지 생각해 보고, 이유를 써 보세요.

1) 독서:

2) 생각:

3) 쓰기:

3 글을 잘 쓰는 사람은 어떤 사람일까요? 어떤 생각과 습관을 가진 사람이 글을 잘 쓸지 생각해 보고 글로 써 보세요.

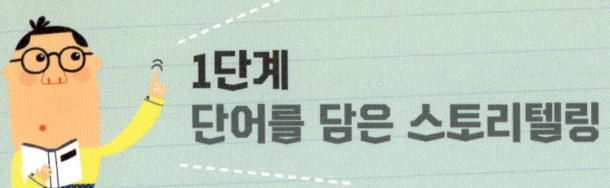

왕따 조사

  민식이네 반에서 왕따 사건이 일어난 것은 태경이의 **뻐드렁니** 때문입니다. 태경이는 이가 앞으로 나온 뻐드렁니였습니다. 그래서인지 태경이는 웃을 때나 말할 때 늘 입을 가리고 다녔습니다. 그걸 본 아이들은 처음엔 좀 특이하게 여겼지만 이내 익숙해졌습니다.
  하지만 유독 현식이만 태경이를 놀려 댔습니다.
  "야, 뻐드렁니!"
  현식이가 큰 소리로 태경이를 부르면 아이들은 그때마다 낄낄대며 웃었습니다. 그러면 현식이는 자기가 아이들을 웃게 만들었다는 생각에 우쭐해 하며 자꾸 태경이를 놀려 댔습니다. 아이들의 웃음거리가 되다 보니 태경이는 점점 더 소극적인 아이로 변했습니다. 처음엔 태경이도 싫다는 표현을 했습니다.

"현식아, 나 뻐드렁니라고 놀리지 말아 줘."

그러면 현식이는 시치미를 떼며 말했습니다.

"나 너 안 놀렸어. 사실을 사실대로 말했을 뿐이야."

그러면 아이들이 또 깔깔대며 웃었습니다. 누구 하나 나서서 말리는 사람이 없었습니다. 오히려 현식이는 덩치도 크고 학급에서 툭하면 주먹을 휘둘러서 아이들은 모두 현식이를 두려워했습니다. 현식이가 눈을 부라리면 아이들은 모두 숨을 죽였습니다. 죽으라면 죽는 시늉이라도 할 정도였습니다.

'현식이 행동은 옳지 않아.'

이걸 본 민식이는 이 상황을 그대로 두어서는 안 된다는 생각이 들었습니다. 현식이와 아이들이 점점 더 강하게 태경이를 따돌리는 것이 보였기 때문입니다. 누군가 나서서 말려야 한다는 생각이 강하게 들었습니다.

"야, 뻐드렁니! 너 물 먹을 때 줄줄 새지 않냐?"

현식이가 또 태경이를 놀렸습니다. 마침 물을 마시던 태경이는 사레가 걸려 눈물까지 흘리며 기침을 했습니다. 그 모습을 보던 민식이는 태경이의 눈물이 꼭 사레가 걸려 나오는 것만은 아니라는 생각이 들었습니다. 더는 참을 수가 없었습니다. 민식이는 자리에서 벌

떡 일어나 외쳤습니다.

"야, 현식이 너 **충고**하는데 더 이상 태경이 괴롭히지 마!"

그러자 교실이 순식간에 조용해졌습니다.

"어쭈, 넌 또 뭐야?"

현식이가 눈을 부라리며 민식이에게 다가왔습니다.

"너도 **처지**를 바꿔 놓고 생각해 봐. 네가 뚱뚱하다고 아이들이 놀리면 좋겠냐?"

"뭐? 내가 뚱뚱하다고?"

현식이 얼굴이 붉어졌습니다. 교실은 순간 **야단법석**이 되었습니다. 여기저기서 아이들이 수근거렸습니다.

"현식이가 좀 뚱뚱하긴 하지."

"현식이 뚱뚱하다고 하면 흥분하는데."

현식이가 화를 참지 못하고 소리쳤습니다.

"다들 조용히 해!"

그러자 민식이가 현식이 눈을 똑바로 보며 말했습니다.

"뚱뚱하다니까 너도 기분 나쁘잖아? 누구든 신체적으로 불리한 점을 가지고 놀리면 안 되는 거야."

"이 자식이!"

현식이가 민식이에게 달려들려 할 때였습니다. 마침 선생님이 교실로 들어오셨습니다.

"얘들아, 모두 자리에 앉아. 무슨 일 있니?"

현식이가 볼멘소리로 말했습니다.

"선생님, 민식이가 저보고 뚱뚱하다고 놀려요."

선생님이 민식이를 바라봤습니다.

"민식아, 사실이니?"

"선생님, 그게 아니고요 저는 우리 반에 왕따가 없어야 된다고 생각합니다. 그런데 현식이가 태경이를 뻐드렁니라고 놀리면서 자꾸 왕따 분위기를 만들었어요. 그래서 제가 현식이에게 입장을 바꿔 놓고 생각해 보라고 한 거예요."

민식이가 차분하게 자기 **의견**을 말했습니다. 선생님이 아이들을 둘러보며 말했습니다.

"이 사건의 원인이 어디에 있니?"

선생님은 이런 일이 왜 벌어졌는지 먼저 물어보았습니다. 아이들은 선뜻 아무 대답도 하지 못했습니다.

"정말 **실망**이다. 우리 반 왕따 **조사** 설문지를 돌려야겠다."

선생님이 종이를 나누어 주었습니다. 종이에는 여러 가지 질문이 쓰여 있었습니다. 누가 왕따 피해를 당했는지, 누가 어떻게 왕따를 시켰는지 등을 자세히 쓰도록 되어 있었습니다. 물론 쓰는 사람 이름은 적지 않는 무기명이었습니다. 아이들이 책상에 고개를 파묻고 뭔가를 열심히 적기 시작했습니다.

민식이는 설문지에 답하면서 현식이 얼굴을 보았습니다. 현식이는 당황스러운지 얼굴이 발갛게 상기되어 있었습니다. 아이들이 자기 이름을 쓸까 봐 걱정됐는지 조마조마해 보이기도 했습니다.

"자, 다 썼으면 내가 직접 걷겠다."

걷는 아이가 보지 못하도록 선생님은 직접 설문지를 걷어 갔습니다.

그날 이후, 현식이는 더 이상 태경이를 뻐드렁니라고 놀리거나 괴롭히지 않았습니다. 자신의 처지를 바꿔서 생각하게 된 것입니다. 그러자 반 아이들도 친구를 놀리거나 따돌리는 일이 없었습니다. 선생님은 설문지를 걷어 간 이후로 아무 말이 없었습니다. 하지만 그 **결과**를 선생님은 알고 있을 것입니다.

2단계
고 박사님의 단어 노트

이야기에 담긴 단어 알기

1. **뻐드렁니:** 바깥으로 벋은 앞니.
2. **시늉:** 어떤 모양이나 움직임을 흉내 내어 꾸미는 행동.
3. **상황:** 일이 되어 가는 과정 또는 형편.
4. **충고:** 남의 결함이나 잘못을 진심으로 타이름. 또는 그런 말.
5. **처지:** 처해 있는 사정이나 형편.
6. **야단법석:** 많은 사람들이 모여들어 떠들썩하고 어수선하게 굶.
7. **의견:** 어떤 대상에 대해 갖는 생각.
8. **실망:** 희망을 잃음. 또는 바라던 일이 뜻대로 되지 않아 마음이 몹시 상함.
9. **조사:** 대조해 자세히 살펴보거나 찾아봄.
10. **결과:** 어떤 원인으로 일이 마무리되는 끝.

 **고 박사님의 멘토링**

요즘은 왕따가 큰 문제가 되고 있습니다. 이 문제는 학교나 학원 등 다양한 곳에서 생길 수 있습니다. 대개 어린이들은 이런 문제가 발생하면 스스로 해결할 수 없는데도 혼자 끙끙 앓거나 힘들어합니다. 이런 문제가 발생하면 서둘러 부모님이나 선생님에게 말해야 합니다. 어른들의 도움을 받을 때 왕따 문제는 쉽게 해결될 수 있습니다. 이런 일이 생기면 혼자 고민하지 말고 나누세요. 함께 해결하는 것이 가장 좋은 방법입니다.

 **'군중 심리'란 무엇일까요?**

왕따는 흔히 군중 심리로 인해 더 심해집니다. 군중 심리란 개인이 어떤 선택을 할 때 다른 사람들의 선택을 따라하는 것입니다. 학급에서 왕따가 벌어질 때 대다수의 아이들이 침묵하는 걸 보고 자신도 입을 닫는 것이 그 대표적인 예입니다. 하지만 이와 반대의 상황에서도 군중 심리는 매우 강력하게 작용할 수 있습니다. 몇 사람만 나서서 왕따를 보고 안 된다고 저항하면 금세 다른 친구들도 동참해서 큰 힘을 발휘할 수 있기 때문입니다.

3단계
개념을 위한 논술 교실

1 다음 단어를 넣어서 문장을 완성해 보세요.

실망:

시늉:

충고:

야단법석:

결과:

2 따돌림 당하는 아이들을 보았을 때, 어떻게 도울 수 있을지 방법을 세 가지만 생각해 적어 보세요.

1)

2)

3)

3 혹시 따돌림을 당하거나 당하는 걸 본 적이 있나요? 있다면 어떤 것을 느꼈는지 자세히 적어 보세요.

1단계
단어를 담은 스토리텔링

내 꿈은 무역왕

추석이 되자 정빈이네 집에는 일가친척들이 모였습니다. 차례를 지내기 위해서입니다. 정빈이는 친척들이 많이 모이자 기분이 좋았습니다. 용돈도 받을 수 있고 특히 사촌 정식이 형을 만날 수 있기 때문입니다. 형은 작년에 공무원 시험에 합격해서 온 집안을 기쁘게 했습니다.

"정빈아, 오랜만이다. 잘 있었니?"

사촌 형은 용돈을 주며 정빈이의 머리를 쓰다듬어 주었습니다.

"고마워, 형."

"그래, 너는 앞으로 무슨 일 하고 싶어? **진로** 정했어?"

"응, 나 하고 싶은 일 있어."

"와, 어떤 일이야?"

"나는 **무역**왕이 될 거야."

"무역왕? 전에는 공무원 되고 싶다고 했잖아."

정빈이도 옛날에는 형처럼 공무원이 되고 싶었습니다. 하지만 이번 여름, 동남아시아 몇 개 나라를 가족과 여행한 뒤로 꿈이 바뀌었습니다.

"응, 예전에는 그랬는데 바꿨어. 지금 세계 어느 나라든 **수입**과 **수출**을 하지 않고는 먹고 살 수 없잖아."

"오, 제법인데? 그렇지. 우리나라도 수입과 수출을 많이 하는 나라지."

"**국토**는 비좁고 **경쟁**은 심하다는 선생님 말씀에 고민을 많이 했어."

"와, 어떤 고민들을 했는지 궁금한데? 한번 이야기해 봐."

"중국은 17억 명의 물건들을 **소비**하고 있어. 근데 그 물건은 중국에서만 다 만들지는 못해. 우리나라에서 사다 팔기도 하고, 반대로 우리가 사 오기도 하잖아."

"그렇지."

"노동력이 싼 곳에 가서 물건을 만들어서 비싼 곳에 팔더라고."

정빈이는 평소 책도 많이 읽고 다양한 분야에 관심이 많았습니다.

"와, 멋진 생각을 했네."

"그래서 나는 **기술**을 익히는 대신 무역을 통해 장사하는 법을 배울 거야. 그리고 우리나라는 **분단**되어 있는 나라잖아. 나중에 통일이 되면 전 세계에 있는 싼 물건들을 사다 북한의 동포들을 도와줘야 돼. 무역만이 그걸 할 수 있다고 생각해."

"정빈아, 대단하다!"

사촌 형이 엄지손가락을 치켜들었습니다.

그러자 옆에서 이야기를 듣고 있던 엄마가 말했습니다.

"정빈아, 공무원이 되면 안정적이야. 무역을 하면 망할 수도 있고 위험하잖니."

"엄마, 안정적인 삶을 사는 사람도 있고요, 저처럼 도전해서 모험하는

사람도 있어요. 저는 무역으로 **보람**을 얻을 거고요, 세계 최고의 무역왕이 될 거예요. 무역을 통해서 우리나라를 잘살게 할 거예요."

그러자 아빠가 정빈이를 지지하고 나섰습니다.

"그래, 정빈아. 사람은 저마다 할일을 타고나는 거야. 우리 아들이 무역왕이 되겠다면 아빠도 적극 도와주마. 이번 겨울 방학에는 어디를 가고 싶니?"

"정말요? 아빠 그러면 중국에 한 번 더 가고 싶어요. 중국 사람들이 앞으로 뭘 좋아할지 미리 알아야 하거든요."

"와, 이미 무역왕 다 되었는 걸. 하하하!"

그 말에 온 가족이 크게 웃었습니다.

"야, 이거 오래 살아야 되겠어. 무역왕을 조카로 뒀으니 우리도 호강 좀 해 보자."

"다른 집 아이들은 꿈이 없다고 난린데 정빈이는 꿈이 확실해서 너무 좋다."

정빈이 덕분에 풍요로운 명절에 즐겁고 행복한 이야기들이 더해졌습니다.

2단계
고 박사님의 단어 노트

 **이야기에 담긴 단어 알기**

1. **진로:** 앞으로 나아갈 길이나 방향.
2. **무역:** 나라와 나라 사이에 서로 물품을 사고파는 일.
3. **수입:** 다른 나라로부터 상품이나 기술 등을 국내로 사들이는 일.
4. **수출:** 국내의 상품이나 기술을 외국으로 팔아 내보내는 일.
5. **국토:** 나라의 땅.
6. **경쟁:** 같은 목적에 대해 서로 이기거나 앞서려고 겨룸.
7. **소비:** 돈이나 물자, 시간, 노력 등을 들이거나 써서 없앰.
8. **기술:** 사물을 잘 다룰 수 있는 방법 또는 능력.
9. **분단:** 동강이 나게 끊거나 가름.
10. **보람:** 일을 하고 얻어지는 좋은 결과나 만족감. 또는 자부심을 갖게 하는 일의 가치.

고 박사님의 멘토링

우리나라는 땅도 비좁고 이렇다 할 자원도 많지 않습니다. 그래서 오랜 시간 가난에 시달렸습니다. 그러다 약 50년 전부터 잘살아보자는 움직임이 일어났고, 우리의 살 길은 무역뿐이라는 결론을 얻었습니다. 그때부터 우리나라는 무역을 시작했고, 지금은 전 세계에서 무역량으로 10위권에 들어가는 강대국이 되었습니다. 비좁은 나라에서 서로 경쟁하느니 넓은 세계로 나아가 글로벌 인재가 되는 것이 중요한 이유도 거기에 있습니다.

무역왕 장보고는 누구일까요?

청해진을 설치한 장보고는 무역왕이었습니다. 장보고는 동아시아 지역 해상 권력의 강자가 되어 무역을 방해하는 해적들부터 소탕했습니다. 그리고 직접 튼튼한 배를 만들어 성능과 규모에서 월등함을 자랑했습니다. 청해진이 설치된 완도는 지리적으로 당나라와 신라, 신라와 일본을 잇는 중간 지점에 있어 무척 유리했습니다. 일본에서 중국으로 가려는 배들은 이곳에 들러 장보고의 도움을 받아야만 했던 것입니다. 일찍이 무역의 중요성을 알고 청해진을 건설한 장보고는 진정한 무역왕이었습니다.

3단계
개념을 위한 논술 교실

1 다음 단어를 넣어서 문장을 완성해 보세요.

무역:

수입:

수출:

기술:

보람:

2 존경하는 위인이나 인물을 세 명만 써 보세요.

1)

2)

3)

3 나의 꿈은 무엇이며, 현재 어떤 노력을 하고 있는지 생각해 보고 글로 써 보세요.

1단계 단어를 담은 스토리텔링

한여름의 추억

경기도 가평 엄소리에는 매미 소리가 요란했습니다. 불볕더위에도 정호와 담이는 맑은 시냇물에서 **첨벙첨벙 물장구**를 칩니다.

"나는 정의의 사도다! 내 물을 받아라!"

"나는 슈퍼맨이다. 그깟 물은 끄떡없다!"

정호와 담이는 물속에서 신나는 상상 속 주인공이 되어 놉니다.

"이제 고만하자."

"그럼 우리 물고기 잘 들어갔나 보러 가자."

물놀이가 지겨워지자 정호와 담이는 통발 놓아 둔 곳으로 갔습니다. 아까 된장을 듬뿍 넣어 놨기 때문입니다. 고소한 된장 냄새를 맡고 분명히 물고기가 들어가 있을 겁니다.

"많이 들었을까?"

"몰라. 많이 들어 있으면 좋은데."

가슴이 콩닥콩닥 뛰는 걸 느끼며 정호와 담이는 조금 깊은 물로 갔습니다. 물이 가슴까지 오는 곳으로 가 통발을 꺼내 들었습니다.

"뭐야? 하나도 없어."

"이상하다. 왜 안 들어갔지?"

이상한 일이었습니다. 평소 같았으면 물고기가 몇 마리는 들어 있어야 하는데 없었기 때문입니다. 그때 물 가장자리만 떠돌던 여동생 은지가 외쳤습니다.

"오빠! 여기 물고기 죽었어!"

"어디? 어디?"

정호와 담이가 서둘러 은지가 있는 쪽으로 갔습니다. 제법 큰 고기 한 마리가 죽어 있었습니다. **비늘**이 반짝이는 것이 예뻤지만 말라죽어 불쌍했습니다.

"오빠, 물고기들 땅 파서 묻어 주자."

"그래."

은지의 말에 두 아이는 땅을 파서 무덤을 만들어 주었습니다.

외할아버지 댁에 온 아이들은 이렇게 한여름을 재미있게 놀았습니다.

"애들아, 옥수수 먹고 놀아라!"

할아버지가 아이들을 불렀습니다.

아이들은 여름방학이면 **농촌**에 있는 할아버지 댁에 놀러옵니다. 작년에도 오고 올해도 온 것입니다.

"할아버지, 옥수수가 왜 이렇게 작아요?"

"올해는 가뭄이 들어서 그렇단다."

"가뭄이 뭐예요?"

은지가 물었습니다.

"응, **기후**가 변해서 비가 안 오는 거야."

"기후는 뭐예요?"

"날씨를 말하는 거지."

그러자 과학자가 꿈인 담이가 나섰습니다.

"일기 **예보** 들으면 되잖아요. 미리 물도 준비하시고……."

"요즘은 예보도 틀린단다."

그때 삼촌이 왔습니다.

"애들아, 물고기 많이 잡았니?"

"아뇨, 한 마리도 없어요."

"그래? 올해 너무 가물어서 물고기들이 씨가 말랐나 보다. 옛날엔 **가을걷이** 끝난 다음에 논바닥에도 미꾸라지가 많았거든. 올해도 미꾸라지가 있을지 모르겠다. 너희들한테 추어탕 맛을 보여 주고 싶은데……."

할아버지는 걱정스러운 얼굴이었습니다.

해가 질 때까지 아이들은 평상에 앉아 이야기를 나누었습니다. 시원한 바람이 솔솔 불어왔습니다.

어느새 은지는 두 팔을 위로 올리고 **나비잠**을 자고 있었습니다. 정호와 담이는 대학생 삼촌과 이런저런 이야기를 나누었습니다.

"애들아, 환경이 너무 많이 훼손되어서 걱정이다."
"학교에서도 환경을 보호해야 한다고 배웠어요."
"사람들이 **원인**이야. 환경을 파괴하고 함부로 자원을 **낭비**하니까 지구가 보복하는 것 같아. 너희들 시대가 염려스럽다."
"왜요?"
"가뭄이 심하고 홍수가 나고 이러는 게 아무래도 심상치 않아."

어스름 저녁이 되자 할머니가 마당으로 나왔습니다.
"애들아, 들어와라! 모기 문다."
아이들은 잠자는 은지를 깨워 방으로 들어갔습니다.
어느새 개구리들이 개굴개굴 울기 시작했습니다. 오늘밤에도 한참을 울어 댈 것 같습니다. 개구리 울음소리를 듣지 못 하는 날이 올까 봐 정호의 마음이 무거웠습니다.

2단계
고 박사님의 단어 노트

이야기에 담긴 단어 알기

1. **첨벙첨벙**: 큰 물체가 물에 자꾸 부딪치거나 잠기는 소리나 그 모양.
2. **물장구**: 헤엄치면서 발등으로 물 위를 치는 것.
3. **비늘**: 물고기나 뱀 등의 몸을 덮고 있는 얇고 단단하게 생긴 작은 조각.
4. **농촌**: 주민의 대부분이 농사를 짓거나 동물을 기르는 등의 일을 하는 마을이나 지역.
5. **기후**: 기온, 비, 눈, 바람 등의 대기(공기) 상태.
6. **예보**: 앞으로 일어날 일을 미리 알려 주는 것.
7. **가을걷이**: 가을에 익은 곡식을 거두어들이는 일.
8. **나비잠**: 갓난아이가 두 팔을 머리 위로 벌리고 자는 잠을 가리키는 말.
9. **원인**: 어떤 사물이나 상태를 일으키거나 변하게 하는 근본이 된 일이나 사건.
10. **낭비**: 시간이나 재물 등을 헛되이 쓰는 것.

 **고 박사님의 멘토링**

우리는 흔히 개울이나 바다 속 물고기와 생물들은 저절로 잘 큰다고 생각합니다. 하지만 그렇지 않습니다. 예를 들어 사람들이 무조건 물고기를 잡기만 한다면 우리는 개울이나 바다에서 물고기를 볼 수 없게 될지도 모릅니다. 그래서 나라에서 이런 물고기 자원을 지키고 관리하기 위해 내수면 연구소를 만들어 토종 물고기를 보호하고 잘 길러서 어린 물고기는 전국 지자체 곳곳에 나눠 주고 있습니다. 자연 환경을 지키는 것은 많은 사람들의 노력이 필요한 일입니다. 자연 환경을 위한 노력은 누구나 아주 작은 것부터 실천할 수 있습니다.

 **엘리뇨와 라니냐는 무엇일까요?**

엘리뇨는 남태평양 바닷물이 따뜻해지는 현상입니다. 불규칙적으로 나타나는데 이로 인해 바다 생태계가 망가지고 육지에서는 홍수가 일어나는 등의 자연 재해가 생깁니다. 라니냐는 엘리뇨와 반대되는 현상으로 동태평양의 바닷물이 차가워지는 현상입니다. 이로 인해 동남아시아에는 극심한 장마가, 페루 등 남아메리카에는 가뭄이 발생합니다. 이런 이상 기후들이 지구 온난화로 인해 잦아지는 것으로 추측하고 있습니다.

3단계
개념을 위한 논술 교실

1 다음 단어를 넣어서 문장을 완성해 보세요.

물장구:

비늘:

가을걷이:

원인:

농촌:

2 환경의 중요성은 잘 알지만 실천이 어려운 이유가 뭔지 세 가지만 써 보세요.

1)

2)

3)

3 우리가 무심히 강물에 버린 쓰레기가 어떤 과정을 거쳐 우리에게 다시 돌아오는지 생각해 글로 써 보세요.

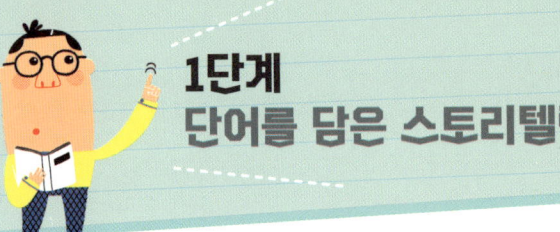 

씨름 도장

화유 시장은 아주 오래된 곳입니다. 백 년도 더 되었다는 말이 있는 시장입니다. 과거 이 시장은 늘 사람들이 북적였는데 요즘 와서 대형 마트의 영향으로 썰렁해졌습니다. **전통 시장**의 맥을 이을 수가 없게 된 것입니다. 그래도 여전히 일부러 와 주는 분들이 있습니다.

유진이 엄마는 꼭 시장에 가서 물건을 삽니다. 가격도 싸지만 신선하기 때문이지요. 조금은 불편해도 그런 것 때문에 전통 시장에 자주 갑니다.

그날도 배추를 장바구니에 담았는데 운동복을 입은 아이들이 마구 시장 안을 뛰어가는 것이 보였습니다.

"얘들아, 너희들 어디 가니? 시장에 왜 왔어?"

"씨름 도장 가요."

"씨름? 어디서 씨름을 배우니?"

"시장 2층에 씨름 학원이 생겼어요."

엄마는 유진이가 만날 **응석**만 부리고 떼쓰는 것을 보며 몸에 좋은 운동을 하나 시켜야겠다는 생각을 하고 있었습니다. 아이들을 따라 2층으로 올라가 보니 그곳에는 상인들이 많이 빠져나가 빈 가게가 많고 썰렁했습니다. 아이들이 우르르 몰려 들어간 곳에는 널따란 가게가 있던 자리에 매트를 깔고 씨름 도장을 차려 놨습니다. 그곳에서 **샅바**를 매고 있는 관장님이 아이들과 함께 몸을 푸는 것이 보였습니다.

"안녕하세요?"

"어떻게 오셨어요?"

젊은 관장님이 반갑게 맞아 주었습니다.

"씨름 학원이 시장에 있어서 신기해요."

"아, 네. 어머니, 이리 앉으세요."

"정말 아이들이 씨름을 잘 배우나요?"

"네, 잘해요. 부모님들도 좋아하세요."

"아이들이 너무 거칠어지는 거 아닌가요?"

"그럴 리가요. 이곳에서 운동을 하면 **예절**과 **인사법**부터 배우고 시작을 합니다."

"그래요, 좋은데요?"

엄마는 유진이가 이곳에 오면 예의바른 아이가 될 것 같았습니다.

"사실은 아이들이 **놀이**를 하는 것이지요."

"어떻게 이런 좋은 생각을 하셨어요?"

"제가 원래 씨름 선수였는데 부상을 당하고 **실업자**가 되었어요."
"어머, 그랬군요. 요즘 청년들이 취업하기 힘들다던데."
"네, 저도 **직업**을 가져야 되는데 뭘 할까 고민이 많았어요. 그런데 전통 시장 살리기 운동 본부에서 연락이 왔어요. 저보고 이곳 시장을 내줄 테니 아이들을 모아서 운동도 가르치고 돈도 벌라고 해서 **타협**을 하게 되었지요."
"와, 멋집니다. 우리 애도 당장 보내야겠어요."
그때 씨름을 하던 영식이가 다가와 인사를 했습니다.
"아주머니, 안녕하세요?"
"그래, 너 유진이 친구 영식이구나."
"네, 유진이도 씨름 배우러 오라고 하세요. 무지 재밌어요."

"그래, 알았어. 유진이도 내일부터 보낼게."

엄마는 유진이에게 씨름을 시켜야겠다고 결심했습니다. 집에서도 가깝고, 운동을 하면 건강해질 것 같았기 때문입니다.

"어머, 여기 다쳤니?"

영식이의 허벅지가 붉게 까진 걸 보고 엄마가 물었습니다.

"샅바 매면 그래요."

"운동 많이 해서 그렇구나. 안 아프니?"

"괜찮아요. 조금 **따끔따끔**한데요. 관장님이 괜찮댔어요."

그러자 관장님이 방긋 웃는 얼굴로 말했습니다.

"처음 샅바를 매면 쓸려서 조금 따끔한데 며칠 지나면 굳은살이 박히면서 아이들이 더 강해집니다."

엄마는 기분이 좋았습니다.

"이렇게 전통 시장에 아이들이 오면 엄마, 아빠도 오게 되고 시장도 자연스럽게 살아나겠어요."

"저희도 그래서 시장을 살리려고 노력하고 있어요."

유진이 엄마는 자리에서 일어나 인사를 하고 나오면서 말했습니다.

"우리 유진이도 꼭 데려올게요."

"네, 어머니. 안녕히 가세요."

어머니는 종종걸음을 치며 집으로 향했습니다. 장 봐야 할 물건이 더 있다는 것도 잊고.

2단계
고 박사님의 단어 노트

이야기에 담긴 단어 알기

1 **전통 시장:** 옛날의 행동 양식과 모습 그대로 여러 가지 상품을 사고파는 곳.
2 **응석:** 어리광을 부리거나 귀여워해 주는 것을 믿고 버릇없이 구는 행동.
3 **샅바:** 씨름에서 허리와 다리에 둘러 묶어서 손잡이로 쓰는 천.
4 **예절:** 예의에 관한 모든 순서와 방법.
5 **인사법:** 인사하는 방법.
6 **놀이:** 여러 사람이 모여서 즐겁게 노는 일이나 활동.
7 **실업자:** 경제 활동을 할 수 있는 나이지만 직업이 없는 사람.
8 **직업:** 생활하고 돈을 벌기 위해 적성과 능력에 따라 일정한 기간 동안 하는 일.
9 **타협:** 어떤 일을 서로 양보하고 의논함.
10 **따끔따끔:** 찔리거나 꼬집히는 것처럼 아픈 느낌.

 **고 박사님의 멘토링**

흔히 엄마들은 나가 놀거나 운동을 하면 공부할 시간을 뺏긴다고 합니다. 하지만 과학자들의 연구 결과에 의하면 그렇지 않다고 합니다. 운동을 하면 혈액 순환이 좋아지고 그로 인해 뇌도 활성화한다는 것입니다. 적절한 운동을 같이 해주는 것이 공부도 잘하는 비결입니다. 운동이나 공부 한 가지만 몰두해서 하기보다는 적절히 골고루 시간 활용을 하는 것이 중요합니다. 편식하지 않고 음식을 골고루 먹어야 몸이 건강해지는 것과 같은 이치이지요.

 **재래시장 살리기란 무엇인가요?**

과거에 많은 사람들이 이용하던 재래시장이 요즘 대형 마트의 등장으로 점점 사라지고 있습니다. 이대로 두면 우리의 전통이 사라지고, 소비자에게도 선택의 폭이 좁아집니다. 그래서 지역마다 재래시장 살리기 운동을 하고 있습니다. 재래시장에서도 신용카드의 사용이나 주문 택배, 주차장 넓히기 등 다양한 변화들이 생겨나고 있습니다. 또한 젊은 사람들이 들어와 싼 임대료로 특색 있는 사업을 할 수 있도록 하면서 시장을 활성화하기도 합니다.

3단계
개념을 위한 논술 교실

1 다음 단어를 넣어서 문장을 완성해 보세요.

전통 시장:
_____

놀이:
_____

예절:
_____

따끔따끔:
_____

실업자:
_____

2 우리 동네에는 시장이 어디에 있는지 어떤 곳인지 생각나는 것들을 몇 가지 적어 보세요.

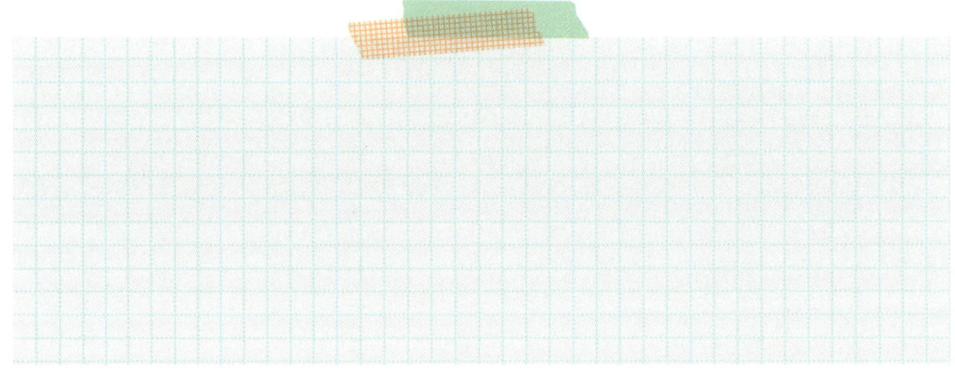

3 전통 시장과 대형 마트의 장단점을 비교해 보고 글로 써 보세요.

● 전통 시장

장점:

단점:

● 대형 마트

장점:

단점:

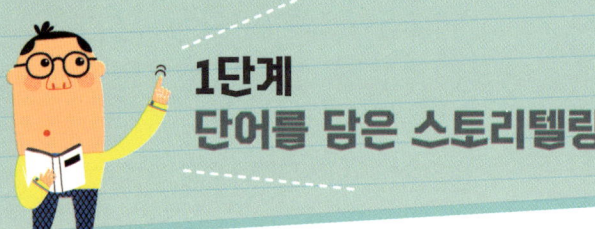

내 친구 제레미

"학원 다녀오겠습니다!"

영민이가 신나서 뛰어갑니다. 마침 휴가라 집에서 쉬던 아빠가 엄마에게 물었습니다.

"아니, 영민이 왜 그렇게 학원을 좋아해?"

"미국에서 친구가 왔대요. 제레미라고 미국에 살고 있는 아이인데 한글 **공부**를 하러 왔나 봐요."

"한글을 우리나라 학원에 와서 배워?"

"원장님 조카래요."

영민이는 방학 동안에 한국에 와서 한국말을 배우는 제레미를 알게 된 뒤로 학원 가는 게 무척 즐겁습니다.

여느 때처럼 학원에 뛰어 들어가 문을 여니 제레미가 칠판에 한글을 쓰며 연습을 하고 있었습니다.

"제레미, 하이!"

"안녕, 영민?"

둘은 나이도 똑같습니다.

"나는 **자음**과 **모음** 공부하고 있어."

제레미가 서툴게 말했습니다.

"응, 우리나라에는 자음과 모음이 있어. 영어에도 있니?"

"영어에도 있다. A, E, I, O, U가 모음이고, 나머지 B, C, D, F 등이 자음이다."

"와, 정말 신기해. 영어와 한국어가 비슷한 것 같아."

"정말이다."

그때, 원장님이 다가와 미소를 지으며 말해 주었습니다.

"얘들아, 영어와 한국어는 몇 개의 자음과 모음으로 단어를 만드는 점에서 비슷하단다."

"한자는요?"

"한자는 사물 하나하나에 글자 하나하나를 붙였잖아. 하지만 한글은 자음과 모음을 합쳐서 단어를 적을 수가 있단다."

"와, 그래서 글자 수가 적은 거군요?"

"그렇지. 한국의 정보 기술이 빠르게 발전한 건 과학적인 한글 덕분이란다."

그러자 제레미가 말했습니다.

"미국 좋아. 미국 최고."

"맞아. 미국은 세계 강국이고 **민주주의**가 발달한 나라지. 한국도 열심히 민주주의를 발전시키고 있단다."

그때 영민이는 궁금한 게 생겼습니다.

"선생님, 그런데 영어랑 한글이랑 똑같은 것도 있어요."

"뭔데?"

"문장 부호가 똑같아요. **마침표** 찍는 거나 **물음표**, **느낌표** 다 똑같잖아요."

영어책을 보면 문장 부호는 똑같았습니다. 제레미도 말했습니다.

"정말 똑같아."

원장님이 빙그레 웃었습니다.

"문장 부호는 외국에서 온 거야. 우리는 원래 이런 게 없었어."

"아하, 그렇구나."

"**쉼표**랑 **기호**도 똑같은 것 같아요."

"그것도 영어라든가, 외국 문자에서 빌려 온 거야. 그래서 우리 글쓰기가 좀더 좋아졌지."

"그러면 제레미도 편하겠어요. 한글 배울 때 문장 부호라도 영어랑 똑같으니까요."

원장 선생님은 대견하다는 듯 고개를 끄덕였습니다.

"그렇지, 물음표를 보면 물어보는 거라는 걸 알 수 있지."

그때 이야기를 듣고만 있던 제레미가 말했습니다.

"선생님, 한글 어렵다. 하지만 재미있다."

옆에서 영민이가 우리말이 서툰 제레미에게 말했습니다.

"제레미, '한글 어려워요, 하지만 재미있어요.'라고 말해야 해."

"호호호!"

원장님이 웃으면서 영민이의 머리를 쓰다듬었습니다.

"영어에 없는 게 **높임말**이지. 우리말은 높임말 있어서 외국 사람이 배우기 힘들어 해."

"높임말 어렵다."

제레미가 어깨를 으쓱했습니다.

"내가 가르쳐 줄게."

영민이는 할 일이 생겨서 신났습니다.

"그래, 그러면 높임말은 우리 영민이가 제레미에게 가르쳐 주세요."

"네, 알겠습니다."

선생님의 높임말에 영민이도 고개를 숙이며 높임말로 받았습니다. 제레미는 고개를 갸우뚱갸우뚱하더니 따라 했습니다.

"제레미는 한글님이 어렵습니다."

제레미의 말에 모두 큰 소리로 웃었습니다. 제레미도 따라 웃었습니다.

2단계
고 박사님의 단어 노트

 **이야기에 담긴 단어 알기**

1. **공부:** 학문이나 기술을 배우고 익히는 것.
2. **자음:** 목, 입, 혀 등의 발음 기관에 의해 구강 통로가 좁아지거나 완전히 막히는 등의 장애를 받으며 나는 소리. 성대의 진동 여부에 따라 유성 자음(ㄴ, ㄹ, ㅁ, ㅇ)과 무성 자음(ㄱ, ㄷ, ㅂ, ㅅ, ㅈ, ㅊ, ㅋ, ㅌ, ㅍ, ㅎ)으로 나뉨.
3. **모음:** 성대의 진동을 받은 소리가 목, 입, 코를 거쳐 나오면서, 그 통로가 좁아지거나 완전히 막히거나 하는 등의 장애를 받지 않고 나는 소리. ㅏ, ㅑ, ㅓ, ㅕ, ㅗ, ㅛ, ㅜ, ㅠ, ㅡ, ㅣ 등이 있음.
4. **민주주의:** 국민이 권력을 가지고 스스로 행하는 제도나 정치를 지향하는 사상.
5. **마침표:** 문장 부호의 하나. '.'의 이름으로 서술이나 명령을 나타내는 문장 끝에 씀.
6. **물음표:** 문장 부호의 하나. '?'의 이름으로 의문문이나 의문을 나타내는 말의 마디나 구절의 끝에 씀.
7. **느낌표:** 문장 부호의 하나. '!'의 이름으로 감탄문이나 감탄사의 끝에 쓰거나, 특별히 강한 느낌을 나타낼 때 씀.
8. **쉼표:** 문장 부호의 하나. ','의 이름으로 같은 자격의 말이나 구절을 연결할 때, 짝을 지어 구별할 때, 열거의 순서를 나타낼 때 등 다양하게 사용됨.
9. **기호:** 뜻을 나타내기 위해 쓰이는 부호, 문자, 표지 등을 통틀어 이르는 말.
10. **높임말:** 사람이나 사물을 높여서 이르는 말.

 **고 박사님의 멘토링**

한글의 옛 이름은 훈민정음입니다. 이 훈민정음은 우리말의 초성과 중성을 단위로 하여 만든 음소 문자입니다. 창제할 때 대단히 앞선 이론을 바탕으로 우리말의 소리를 분석하여 만든 과학적인 문자입니다. 우리가 한글을 쉽게 배우고, 우리말을 한글로 정확하게 쓸 수 있는 건 한글의 우수성 때문입니다.

 **말줄임표에 대해 알아볼까요?**

원래 말줄임표는 '……' 이렇게 칸의 중간에 찍어야 합니다. 그런데 컴퓨터에서는 이 문자를 찍기가 어렵습니다. 요즘은 마침표를 이어 쓰는 '.......'나 세 점 '…' '...'만 찍는 것도 가능하게 되었습니다. 다만 여기서 주의할 것은 점을 아래에 찍더라도 마침표는 생략하지 않는다는 것입니다. 점을 아래에 찍더라도 마침표가 필요한 경우에는 마침표를 찍어야 합니다. 따라서 마침표를 포함해서 아래에 일곱 점 '.......'을 찍거나 네 점 '....'을 찍어야 하는 것입니다.

3단계
개념을 위한 논술 교실

1 다음 단어를 넣어서 문장을 완성해 보세요.

자음:

물음표:

높임말:

기호:

민주주의:

2 외국어를 배우는 이유를 세 가지만 적어 보세요.

1)

2)

3)

3 우리말의 좋은 점을 생각해 보고 글로 써 보세요.

1단계
단어를 담은 스토리텔링

할아버지 만나러 가는 날

"아빠, 엄마! 어서 가요."
보아가 아빠와 엄마를 재촉했습니다.
"잠깐만 기다려. 가스 불은 단속해야지."
엄마가 걱정되는지 가스를 한 번 더 보고 나왔습니다. **신도시**에 사는 보아네는 오늘 할아버지를 만나러 가는 길입니다.
"한글날이 **국경일**이 되니까 좋네. 할아버지를 뵈러 갈 수도 있고."
"맞아요. 아빠, 옛날에는 한글날 쉬지 않았잖아요."
보아가 아빠를 보며 말했습니다.
"한글날은 원래 국경일이었다가, 다시 아니었다가, 2013년부터 다시 국경일이 되었단다."
나이가 많으신 할아버지는 100살 되는 날이 얼마 안 남았습니다.

"엄마, 할아버지 삼 년만 지나면 백 살인 거예요?"

"그래, 올해 구십칠 세시니까."

몇 년 전까지 할아버지는 보아네 집 가까이 조그만 아파트에 혼자 사셨습니다. 보아는 가끔씩 할아버지의 심부름이나 쓰레기 버리는 **허드렛일**을 도와 드리기도 했습니다. 휴일에는 엄마, 아빠와 함께 가서 할아버지 댁 청소도 했습니다. 그렇게 청소를 하다 보면 이마에 땀이 **송알송알** 맺혔습니다.

그런데 할아버지가 더 이상 혼자 사실 수 없어 **요양**원에 가시게 되었습니다. 아빠, 엄마는 공기 좋은 요양원에 할아버지를 모셨습니다.

요양원에 도착한 보아는 할아버지에게 뛰어갔습니다.

"할아버지, 저 왔어요!"

할아버지는 예전과 달리 **기운**이 없어 보였습니다. 할아버지는 휠체어에 앉아 힘들게 손을 들어 보아의 머리를 쓰다듬어 주었습니다.

"보아야, 학교 잘 다니고 건강하지?"

"네, 할아버지. 이번에 학교 연극 〈로미오와 줄리엣〉에서 제가 줄리엣을 맡아 공연을 했어요."

"그래? 잘했구나."

할아버지는 천천히 고개를 끄덕였습니다.

"내가 이런 신세만 아니면 우리 보아 연극도 보러 갔을 텐데……."

"아버지, 걱정 마세요. 제가 동영상을 찍어 왔습니다."

아빠가 핸드폰에 담긴 동영상을 켜자 할아버지가 말했습니다.

"잘 안 보여."

나이가 들면 **질병**에 잘 걸리거나 신체 기능이 점점 떨어진다는 말을 보아도 들은 적이 있습니다.

"괜찮아요, 할아버지. 제가 직접 보여 드릴게요."

보아는 할아버지 앞에 서서 연기를 시작했습니다.

"오, 사랑하는 로미오! 나를 버리고 가시는 건가요?"

할아버지는 보아의 연기에 눈을 떼지 못했습니다.

그리고 보아의 연기가 끝나자 손을 들어 옷장을 가리켰습니다. 아빠가 옷장 문을 열자 그 안에 꼬깃꼬깃한 봉투가 하나 있었습니다. 할아버지가 보아를 가리켰습니다.

"이 용돈을 보아 주라고요?"

할아버지는 말할 힘도 없는지 고개만 끄덕였습니다. 눈빛만 봐도 아빠는 **의사소통**이 되는 것 같았습니다.

"아버님, 용돈 안 주셔도 돼요."

보아는 엄마 말에 새침한 표정을 지었습니다.

그러자 할아버지가 고개를 저으며 천천히 말했습니다.

"나 손녀 용돈 아직은 줄 수 있다."

"네, 아버님. 보아야, 감사히 받아."

엄마가 빙그레 미소를 지었습니다.

보아는 용돈을 받았습니다. **저축**할 생각에 신이 났습니다.

"할아버지, 고맙습니다!"

할아버지가 고개를 끄덕이며 웃었습니다.

그러자 아빠가 할아버지를 보며 말했습니다.

"아버지, 저희와 함께 사시면 좋으실 텐데요……."

옆에 있던 보아도 거들었습니다.

"맞아요. 할아버지 저희랑 함께 살아요!"

"나는 여기가 편해."

할아버지의 말에 아빠의 눈시울이 붉어졌습니다.

"아버지께서 우리 가족끼리 오순도순 살라고 이곳이 편하다고 하시는 것 같아."

아빠의 말에 엄마가 걱정스런 표정으로 말했습니다.

"여보, 이곳도 좋지만 마음이 편치 않아요. 아버님을 잘 **설득**해서 집으로 모실 수 있으면 좋겠어요."

"그래, 한번 생각해 봅시다."

보아가 용돈을 받아 신났는지 할아버지 앞에서 계속 춤추고 노래하는 걸 보면서 아빠와 엄마는 문득 생각했습니다. 사람이 태어나서 늙고 병들고 죽는 것이 다 똑같다지만 할아버지만은 좀더 오래 가족들 곁에 사셨으면 하고요.

2단계
고 박사님의 단어 노트

 **이야기에 담긴 단어 알기**

1. **신도시:** 대도시 가까이에 계획적으로 개발한 새 주택지.
2. **국경일:** 나라의 경사를 기념하기 위해 국가에서 법률로 정한 경축일.
3. **허드렛일:** 중요하지 않고 허름한 일.
4. **송알송알:** 땀방울이나 물방울, 열매 등이 잘게 많이 맺힌 모양.
5. **요양:** 휴양하면서 건강이 회복되도록 몸을 보살펴 병을 치료함.
6. **기운:** 살아 움직이는 힘.
7. **질병:** 몸의 여러 가지 병.
8. **의사소통:** 갖고 있는 생각이나 뜻이 서로 통함.
9. **저축:** 절약하여 모아 두는 것.
10. **설득:** 상대편이 이쪽 편의 뜻을 받아들이도록 여러 가지로 깨우쳐 말함.

고 박사님의 멘토링

사람은 태어나는 순간부터 늙기 시작하고 병에 걸리며 결국은 죽게 됩니다. 이걸 어려운 말로 '생로병사(生老病死)'라고 하지요. 살아가기도 힘들고 늙거나 병들어 죽는 건 다 고통스러운 일입니다. 피하려 해도 피할 수 없습니다. 모든 생명체가 이 과정을 거칩니다. 어쩔 수 없이 겪어야 하는 일이라면 좀 더 마음을 열고 담담하게 받아들여서 그런 삶에서도 보람을 찾고 남에게 도움을 주며 즐겁게 사는 것이 중요합니다.

고령화 사회에 대해 알아볼까요?

전체 인구에서 65세 이상의 인구 비율이 7% 이상인 사회를 고령화 사회라고 합니다. 아이를 적게 낳고, 의학이 발달해 평균 수명이 연장되면서 등장했습니다. 우리나라와 유럽, 일본 등 선진국들이 주로 그렇습니다. 고령화 사회는 일할 수 있는 사람은 줄어들고 노인이 늘어나 젊은이들이 노인들을 부양하는 것이 힘들어지는 사회적 문제를 낳기도 합니다. 노동력이 부족해 경제 성장이 둔해지면서 가난이나 질병 등의 노인 문제도 나타날 수 있습니다. 앞으로 고령화 사회를 대비한 철저한 준비를 해 나가야 합니다.

3단계
개념을 위한 논술 교실

1 다음 단어를 넣어서 문장을 완성해 보세요.

요양:
_____

송알송알:
_____

국경일:
_____

질병:
_____

저축:
_____

2 사람이 건강하게 오래 살려면 어떤 것들이 필요한지 생각해 보고, 세 가지만 써 보세요.

1)
_____

2)
_____

3)
_____

3 만약 내가 혼자 산다면 어떻게 살 것인지 생각해 보고 글로 써 보세요.

**1단계
단어를 담은 스토리텔링**

민우네 새 가족

민우는 할아버지 할머니와 함께 시골에서 삽니다. 엄마와 아빠는 서울에서 직장에 다니고 주말마다 민우를 보러 옵니다. 사람들은 시골이 재미없다고 하지만 민우는 그렇지 않습니다. 길가에는 낯선 벌레와 동물들이 가득하고 하늘에는 새들이 날아다니기 때문입니다. 특히 집에 가는 길 혹부리 할아버지 집 앞을 지날 때면 볼 게 많습니다.

그날도 혹부리 할아버지 집 앞을 지나는데 새끼 오리들이 **뒤뚱뒤뚱** 마당을 이리저리 몰려다니는 것이 보였습니다.

"**꽥꽥**! 꽥꽥!"

민우는 쪼그리고 앉아 귀여운 소리를 내며 몰려다니는 새끼 오리들을 가만히 바라보았습니다.

마침 마당을 나오던 혹부리 할아버지가 민우를 보고 말했습니다.

"민우야, 새끼 오리 한 마리 데려다 길러라."

"정말요?"

"그래, 집에 가져가서 잘 길러 봐라."

혹부리 할아버지는 제일 귀여운 새끼 오리 한 마리를 민우에게 안겨 주었습니다.

"야, 신난다!"

민우는 서둘러 집으로 달려갔습니다.

"할아버지! 혹부리 할아버지가 새끼 오리를 주셨어요."

"그래? 잘 길러 보렴. 진돌이한테 잡아먹히지 않게 잘 **보호**하고."

진돌이는 할아버지 집을 지키는 충실한 개입니다.

"진돌아, 새로운 친구야. 이름은 도널드."

민우는 어느새 도널드라고 이름까지 지어 주었습니다. 진돌이는 새 친구를 보자 **경계심**을 보이더니 호기심 어린 눈으로 **킁킁**대며 꼬리를 흔들었습니다.

"괜찮아, 너희는 친구야. 이 **부리** 좀 봐 예쁘지?"

민우가 진돌이에게 도널드를 가까이 데려가 보여 주었습니다.

"컹컹!"

진돌이는 흥분한 듯 펄쩍펄쩍 뛰며 짖어 댔습니다. 금방이라도 진돌이 목줄이 끊어질 것만 같았습니다. 민우는 불안한 마음에 도널드 뒤를 졸졸 따라다녔습니다. 그러자 진돌이가 더욱 더 큰 소리로 짖었습니다.

"멍멍! 멍멍!"

"괜찮아, 도널드. 진돌이가 네가 많이 궁금한 봐."

도널드가 멀리 떨어져서 뒷마당으로 가자 진돌이는 더욱 날뛰었습니다.

"깽깽!"

"진돌이가 우리가 뭐 하나 궁금한가 보다."

민우는 뒤뚱거리는 도널드를 따라다니는 것이 재미있었습니다. 다시 집을 한 바퀴 돌아 앞마당으로 나오자 진돌이는 폴짝폴짝 뛰었습니다.

"할아버지, 진돌이 좀 풀어 줘도 될까요?"

"오리를 잡아먹을지도 모르는데?"

"그래요? 그럼 안 돼요! 큰일 나요."

"하하, 괜찮을 거다. 참새도 안 잡아먹잖니."

진돌이 밥을 참새들이 와서 짹짹대며 먹어도 진돌이는 배가 부르면 거들떠보지도 않았습니다. 민우는 조심스레 진돌이의 목줄을 풀어 주었습니다. 목줄을 풀어 주자 진돌이는 잠시 두리번대더니 이내 신나서 달리

기 시작했습니다. 그동안 근질근질했다는 듯 마당을 이리저리 뛰어다녔습니다.

"조심해! 도널드!"

민우는 도널드 옆에 바짝 붙어 있었습니다. 한참을 헉헉대며 달리던 진돌이는 그제야 도널드에게 다가왔습니다. 민우는 도널드를 번쩍 들어 올렸습니다. 꽥꽥거리는 도널드가 궁금했는지 진돌이는 폴짝폴짝 뛰어올랐습니다.

"안 돼! 도널드가 놀란단 말이야."

그때, 웃으며 내다보던 할머니가 말했습니다.

"민우야, 오리 연못에 놔줘 봐라."

"빠져 죽으면 어떡해요?"

"넣어 봐. 죽나 안 죽나."

할아버지 마당에 있는 예쁜 연못은 금붕어도 있고 분수도 조그맣게 나오는 곳입니다. 민우는 조심스럽게 도널드를 물에 내려놨습니다. 그러자 어디서 배웠는지 도널드가 신나게 발을 저으며 연못을 떠다녔습니다.

"와! 도널드가 헤엄쳐요!"

"허허, 그 녀석 **재주**가 좋구나."

할아버지와 할머니가 방긋 웃었습니다.

"멍멍! 멍멍!"

그 모습을 보며 진돌이만 분하다는 듯 큰 소리로 짖어 댈 뿐이었습니다.

2단계
고 박사님의 단어 노트

이야기에 담긴 단어 알기

1. **뒤뚱뒤뚱**: 크고 묵직한 물체가 중심을 잃고 이리저리 기울어지며 흔들리는 모양.
2. **꽥꽥**: 갑자기 목청을 높여 자꾸 지르는 소리나 모양.
3. **보호**: 위험이나 곤란한 상황에 미치지 않도록 잘 보살펴 돌봄.
4. **경계심**: 경계하고 조심하는 마음.
5. **킁킁**: 콧구멍으로 세차게 띄엄띄엄 숨을 내쉬는 소리.
6. **부리**: 새 또는 일부 짐승의 주둥이.
7. **깽깽**: 강아지 따위가 놀라거나 아파서 애달프게 짖는 소리.
8. **폴짝폴짝**: 작은 것이 세차고 가볍게 뛰어오르는 모양.
9. **짹짹**: 참새 따위가 우는 소리.
10. **재주**: 무엇인가를 잘할 수 있는 타고난 능력과 슬기.

고 박사님의 멘토링

어린이 하나를 잘 키우려면 마을이 필요하다고 했습니다. 이 말은 어린이의 성장에 다양한 경험과 자극이 필요하다는 말입니다. 그런 자극은 꼭 대도시에만 있는 것이 아닙니다. 자연에서 성장한 아이들은 더욱 활달하고 건강하며 강인하게 성장할 가능성이 큽니다. 적진에 떨어졌던 미군 조종사가 몇 주간 숨어서 살아날 수 있었던 건, 어려서 그가 시골에서 자라 산속의 풀들 가운데 먹을 수 있는 것을 잘 알았기 때문이라고 합니다. 자연과 함께 성장하는 어린이는 참으로 귀한 존재입니다.

다양한 가족의 변화에 대해 알아볼까요?

과거 우리 사회는 대가족 제도였습니다. 할아버지, 할머니와 아버지, 어머니, 많은 형제자매와 삼촌, 고모 등등이 함께 모여 살기도 했습니다. 이런 대가족 제도는 웃어른의 말씀을 중시하고 온 가족이 협조하며 살아가는 모습이었습니다. 그러다 시대가 변하고 핵가족화되면서 대부분의 가정이 부모와 자녀로만 이루어졌습니다. 핵가족은 대도시의 삶에 적합하지만 자녀 양육이라든가, 가족간의 유대 관계에서는 아쉬운 점이 많습니다. 시대와 사회적 상황에 따라 가족의 형태는 다양하게 변화되어 왔으며 변화될 수 있습니다.

3단계 개념을 위한 논술 교실

1 다음 단어를 넣어서 문장을 완성해 보세요.

짹짹:

폴짝폴짝:

킁킁:

재주:

보호:

2 우리 가족의 취미와 특기를 소개해 보세요.

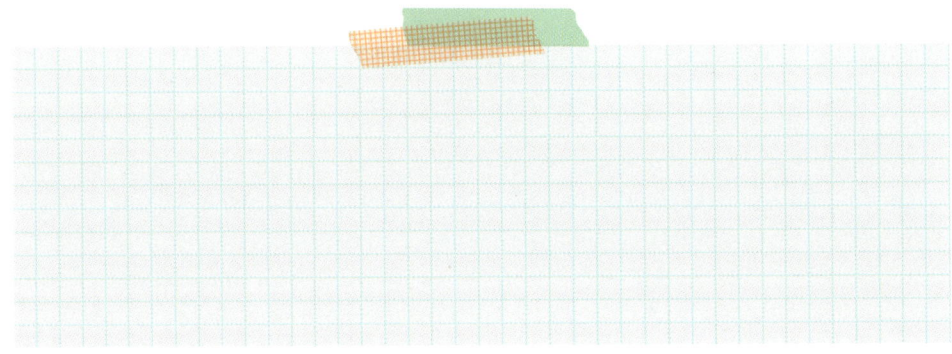

3 할머니나 할아버지께 마음을 담아 편지를 써 보세요.

1단계
단어를 담은 스토리텔링

추억을 실은 캠핑카

"와, 정말 최고예요!"

영식이가 창밖을 내다보며 소리쳤습니다. 영식이네 가족은 오랜만에 휴가를 떠났습니다. 캠핑카를 빌려 3박 4일로 전국의 아름다운 곳을 돌아보기로 한 것이지요. 엄마와 영식이는 아빠가 운전하는 캠핑카 차창 밖을 내다보며 연신 탄성을 질렀습니다.

"어때? 이제 캠핑을 떠나는 **실감**이 나니?"

"네, 아빠. 너무 좋아요!"

캠핑카는 험한 길도 잘 달렸습니다. 아까는 길을 잘못 들어 비포장도로를 덜컹거리며 마구 흔들리며 왔지만 포장도로로 나오니 금세 다시 조용해졌습니다.

그때 갑자기 차에서 이상한 소리가 났습니다.

"어, 왜 이러지?"

아빠가 길 한쪽에 잠시 차를 세웠습니다.

"어? 이런! **연료**가 떨어졌어."

"어머, 여보! 연료 충분하다고 하지 않았어요?"

"그러게. 이상하네."

아빠는 차에 내려서 바닥을 살펴보더니 심각한 얼굴로 말했습니다.

"험한 길을 달렸더니 연료 탱크에 구멍이 난 것 같아. 기름이 다 샜어."

"그럼 이제 어떡해요?"

"잠시만. 전화 걸어 봐야지."

아빠는 보험 회사에 전화를 걸었습니다.

"기름이 문제가 아니라 차가 고장 났어요. 견인을 해야 합니다."

그런데 보험 회사는 길이 험하고 시간이 늦어서 당장 갈 수가 없다는 것이었습니다. 전화를 끊고 잠시 고민하던 아빠가 한 가지 **제안**을 했습니다.

"차가 내일 아침에나 올 수 있다고 하니 우리 오늘은 여기서 하룻밤을 묵는 건 어떨까?"

아빠의 제안에 엄마가 빙그레 웃더니 말했습니다.

"그것도 나쁘진 않네요. 어차피 우리는 어디든 쉬어 갈 수 있는 캠핑카를 타고 왔잖아요. 여기 풍경도 충분히 아름다워요."

"그렇지? 영식이는 어떠니?"

영식이가 폴짝폴짝 뛰어다니는 개구리를 보더니 신나서 소리쳤습니다.

"와, 개구리다! 전 여기 좋아요."

아빠는 부랴부랴 차를 공터에 세우고 천막을 조립하기 시작했습니다. 엄마와 함께 땅을 고르고 천막을 치자 세상에 하나밖에 없는 아늑한 캠핑장이 되었습니다.

"공기가 참 맑고 깨끗해."

엄마가 기지개를 켜자 아빠가 말했습니다.

"얼떨결에 **청정** 지역에서 캠핑을 하게 되었군."

"그러게 말이에요."

모닥불을 피워 놓고 고기를 구워 먹는데 마침 지나가던 경운기 한 대가 멈춰 섰습니다.

"어쩐 일로 여기에서 캠핑을 하세요?"

경운기를 탄 아저씨가 물었습니다.

"아, 차가 고장 났는데 내일이나 고치는 차가 온답니다."

"저런, 저 아래서 조금만 돌아가면 작은 집이 있어요. 나는 거기 사는 사람이에요."

"아, 이 동네 **주민**이시군요."

"혹시 힘들고 어려운 일 있으면 언제든지 말씀하세요. 도와 드릴 테니."

"고맙습니다."

시골은 인심이 좋은 것 같았습니다.

그날 밤, 늦게까지 아빠와 엄마 그리고 영식이는 캠핑카 안에서 **도란도란** 이야기를 나누었습니다. 그때 누군가 캠핑카 문을 두드렸습니다.

"누, 누구세요?"

겁이 난 영식이의 눈이 동그래졌습니다.

아빠가 문을 열자 낮에 경운기를 타고 지나갔던 아저씨가 옥수수를 들고 서 있었습니다.

"옥수수를 좀 쪄 왔어요. 식기 전에 드셔 보세요."

"아이고, 고맙습니다."

"그럼 잘들 쉬세요."

아빠와 엄마가 감사의 인사를 하며 아저씨를 배웅했습니다.

하지만 영식이는 옥수수보다 햄버거가 더 먹고 싶었습니다.

"아, 나는 햄버거 먹고 싶은데."

"영식아, 이 옥수수 좀 먹어 봐. 정말 맛있어."

엄마가 옥수수를 먹으며 말했습니다. 하지만 영식이는 입에도 대지 않았습니다.

"영식아, 햄버거 같은 음식을 **정크 푸드**라고 하는 거야."

"정크 푸드가 뭐예요?"

아빠의 말에 영식이가 고개를 갸웃거렸습니다.

"영어 그대도 해석하면 쓰레기 음식이라는 뜻이야. 기계로 찍어내듯 만들다 보니 많이 먹으면 사람 몸에 해로울 수도 있단다."

"그래도 햄버거가 더 맛있는데……."

투덜대던 영식이가 마지못해 옥수수 하나를 집어 들었습니다.

"어? 정말 맛있네."

영식이는 연달아 옥수수를 두 개나 먹었습니다. 꿀맛이었습니다.

밤이 되자, 여름인데도 쌀쌀하게 느껴질 정도로 **기온**이 내려갔습니다. 영식이네 가족은 캠핑카 안에서 문을 꼭 닫고 잠을 잤습니다.

이튿날 아침, 아빠는 가장 먼저 일어나 가족들을 깨웠습니다.

"여보! 영식아! 빨리 나와 봐. **해돋이**가 **장관**이야."

영식이네 가족은 함께 떠오르는 아침 해를 바라보았습니다. 우연히 머물게 된 낯선 곳에서의 하룻밤이었지만 영식이네 가족에게는 잊지 못할 좋은 추억이 되었습니다.

2단계
고 박사님의 단어 노트

이야기에 담긴 단어 알기

1. **실감:** 실제로 경험하는 느낌.
2. **연료:** 연소하여 열, 빛, 동력의 에너지를 얻을 수 있는 물질을 통틀어 뜻하는 말.
3. **제안:** 의견으로 내놓음.
4. **청정:** 맑고 깨끗함.
5. **주민:** 일정한 지역에 머물러 사는 사람.
6. **도란도란:** 여럿이 나직한 목소리로 서로 정답게 이야기하는 소리나 모양.
7. **정크 푸드:** 칼로리만 높고 영양가가 없는 음식.
8. **기온:** 대기(공기)의 온도.
9. **해돋이:** 해가 막 솟아오르는 때.
10. **장관:** 훌륭하고 장대한 모습.

 ## 고 박사님의 멘토링

캠핑은 우리의 문명과 멀리 떨어져 자연으로 되돌아가 자연과 더불어 고된 생활을 즐기는 것을 말합니다. 예전에는 이 캠핑이 몇몇 사람들만의 취미였지만 이제는 많은 사람들이 캠핑을 즐기고 있습니다. 특히 요즘은 휴일이면 여가 활동으로 캠핑을 하는 사람들이 많습니다. 캠핑을 처음 생각한 사람은 미국인 토머스 하이럼 홀딩입니다. 그는 1853년 300명의 동료들과 함께 마차를 타고 미국의 대평원을 횡단했던 어린 시절의 경험으로 캠핑을 창안했습니다. 초창기에는 카누를 타고 캠핑을 했다고 합니다. 그 후, 많은 사람들이 캠핑을 삶의 활력소로 삼게 되었다고 합니다.

 ## 정크 푸드에 대해 알아볼까요?

정크는 '쓰레기' 또는 '넝마'라는 뜻입니다. '쓰레기 같은 음식'이라는 뜻의 정크 푸드는 칼로리만 높고 영양가가 없는 음식을 가리키는 말입니다. 보통 햄버거나 피자 같은 즉석식품들을 이르는 것으로 이런 정크 푸드를 지나치게 많이 먹으면 비만이나 각기병, 영양실조 같은 질병을 얻을 수 있습니다. 정크 푸드 혹은 '빠르다'는 뜻의 패스트푸드에 반대되는 음식으로는 '슬로우 푸드'가 있습니다. 느리게 만들어 먹는다는 의미로 시간과 정성을 들여 만든 사람 몸에 좋은 음식이라는 뜻입니다. 몸에 좋은 재료로 만든 영양가 있는 음식을 골고루 먹는 것이 중요합니다.

3단계
개념을 위한 논술 교실

1 다음 단어를 넣어서 문장을 완성해 보세요.

실감:

도란도란:

기온:

정크 푸드:

해돋이:

2 사람들은 불편한데 왜 캠핑을 갈까요? 캠핑의 좋은 점을 세 가지만 써 보세요.

1)

2)

3)

3 캠핑을 가거나 여행했던 경험을 돌이켜 보고 느낀 점을 글로 써 보세요.

1단계
단어를 담은 스토리텔링

캐빈의 서울 관광

　수요일은 오후 수업이 없어 집에 일찍 옵니다. 서둘러 집에 온 윤석이는 문을 열고 들어서며 큰 소리로 외쳤습니다.
　"캐빈!"
　방에서 아이스크림을 먹고 있던 캐빈이 반갑게 나왔습니다.
　"윤석! 준비됐어."
　두 아이는 사촌 간입니다. 미국에서 살다 온 캐빈은 모처럼 서울 구경을 하려고 윤석이를 기다렸습니다. 윤석이가 오늘 하루 서울 시내를 **관광**시켜 주기로 했기 때문입니다.
　"자, 우리 나가 볼까?"
　"좋아!"
　두 아이는 **대중교통**을 이용해서 시내 구경을 하기로 했습니다. 제일 먼저 가기로 한 곳은 **시청**입니다.

"시청이 영어로 뭐지?"

"시티홀."

"어, 그렇구나. 시티홀."

지하철을 타고 시청으로 간 아이들은 이곳저곳을 구경했습니다.

"한국 시청 멋있어."

"서울 시청이라고 하는 거야."

"아, 그렇구나."

시청 밖을 나오니 덕수궁과 경복궁이 보였습니다.

"저건 한국의 **유적**들이야."

"와우! 멋있어!"

덕수궁을 구경하고 나오자 뱃속에서 **꼬르륵꼬르륵** 소리가 났습니다.

"배고파. 어디 먹으러 갈 데 없을까?"

"조금만 걸어가면 남대문 시장이 있어."

"걸어간다고?"

"그럼. 조금만 걸어가면 돼."

두 아이는 남대문 시장을 향해 걸었습니다.

"와우, 한국 아주 멋있어."

캐빈은 계속 감탄했습니다.

윤석이와 캐빈이 서울 시내 구경을 나오게 된 건 어제 아빠가 한 말 때문입니다.

"윤석아, 캐빈에게 한국 사람들의 **의식주**를 보여 주는 게 제일 좋은 관광이야. 먹고 입고 잠자는 것이 가장 기본이잖아."

남대문 시장 입구에 도착하자, 커다란 안내판에 시장 **정보**가 한국어, 영어, 일본어 중국어로 쓰여 있었습니다. 캐빈은 영어로 된 안내판을 보더니 말했습니다.

"와, 이거 보니까 아주 잘 알겠어. 정보가 아주 많아."

"좋아, 이제 이 정보 대로 맛있는 거 먹으러 가자."

두 아이는 시장 골목골목을 누비며 구경을 했습니다. 그리고 분식집에 앉아 맛있는 튀김과 김밥, 순대를 먹었습니다.

"정말 맛있어. 한국에는 맛있는 게 너무 많아."

"하하, 배고프니까 다 맛있는 거야."

"그런데 사람들이 왜 이렇게 많지?"

"곧 추석이라 그래."

"추석?"

"응, 음력으로 8월 15일 **보름**을 추석이라고 해. 미국의 추수감사절 같은 거야."

"아, 추수감사절."

윤석이가 음식 값을 내자 캐빈은 또 한번 놀랐습니다.

"미국에 비해 **물가**가 너무 싸."

"하하! 그렇지. 그런데 시장이라서 더 싼 거야."

신나게 관광을 하고 지하철을 타려는데 갑자기 캐빈 얼굴이 하얗게 질렸습니다.

"오, 마이 갓! 내 가방!"

캐빈 가방이 없는 것입니다. 어디서 흘렸는지 도무지 기억이 나지 않았습니다. 두 아이는 분식점과 구경했던 가게들을 다시 돌아보았습니다. 하지만 어디에도 가방은 없었습니다.

"큰일이야! 그 안에 여권도 들어 있는데. 나 미국 못 가면 어떡해?"

그때, 지나가던 시장 경비원 아저씨가 말했습니다.

"가방을 잃어버린 모양이구나. **분실물** 센터에 가 봐. 거기 가면 있을지도 몰라."

"고맙습니다."

두 아이는 서둘러 분실물 센터로 갔습니다.

"아저씨, 혹시 여기 가방 들어온 거 있어요? 빨간색 조그만 가방이고요, 안에 여권이 있어요."

분실물 센터에 있던 아저씨가 빙그레 웃더니 말했습니다.

"혹시 이름이 캐빈이니?"

"어떻게 아세요?"

"이 가방 맞지? 아까 어떤 할머니가 분실물이라고 가져다 주셨어. 운이 아주 좋구나."

아저씨가 들어 올린 가방을 캐빈이 받았습니다.

"코리아 넘버원! 넘버원!"

캐빈은 신나서 코리아 넘버원을 큰 소리로 외쳤습니다.

2단계
고 박사님의 단어 노트

 **이야기에 담긴 단어 알기**

1. **관광:** 다른 지방이나 다른 나라에 가서 그곳의 풍경, 풍습, 문물 등을 구경함.
2. **대중교통:** 여러 사람이 이용하는 버스, 지하철 등의 교통.
3. **시청:** 시의 행정 업무를 맡아보는 기관.
4. **유적:** 남아 있는 자취. 건축물 또는 역사적인 사건이 벌어졌던 곳.
5. **꼬르륵꼬르륵:** 배 속에서 잇따라 나는 끓는 소리.
6. **의식주:** 옷, 음식, 집을 통틀어 이르는 말. 인간 생활의 세 가지 기본 요소.
7. **정보:** 어떤 사물이나 상황에 대한 새로운 소식이나 자료.
8. **보름:** 보름날. 음력으로 그달의 열닷새째 되는 날.
9. **물가:** 물건의 값.
10. **분실물:** 자기도 모르게 잃어버린 물건.

고 박사님의 멘토링

길을 가다가 우연히 돈이나 물건을 주웠을 경우 가져가면 어떻게 될까요? 법에서는 이를 금하고 있습니다. 이런 경우를 어려운 말로 '점유 이탈물 횡령죄'라고 합니다. 다른 사람이 잃어버린 물건을 함부로 가져가면 죄가 된다는 것입니다. 흔히 물건을 잃어버리는 것은 잃어버린 사람 잘못이라고 생각해서 남이 잃어버린 물건을 가지는 것이 괜찮다는 그릇된 생각을 하기도 합니다. 하지만 분실물을 발견하게 되면 경찰서에 가지고 가거나, 분실물 센터에 신고해 주인에게 돌려주는 것이 올바른 방법입니다.

한류 열풍에 대해 알아볼까요?

한류는 한국의 문화 컨텐츠가 해외에서 인기를 얻는 흐름을 말합니다. 1996년 한국의 텔레비전 드라마가 중국에 수출되면서 가요와 대중문화 열풍이 일어났습니다. 한류는 이런 열풍을 중국 언론이 붙인 새로운 용어입니다. 그 뒤 한류는 중국이나 일본을 비롯해 홍콩, 타이완, 태국, 인도네시아 등 동남아시아뿐만 아니라 남미와 유럽까지 확대되었습니다. 그 결과 드라마나 가요, 영화뿐만 아니라 김치나 화장품, 라면과 가전제품 등 한국 관련 제품까지 인기를 끌게 되었습니다.

1 다음 단어를 넣어서 문장을 완성해 보세요.

대중교통:
___

물가:
___

분실물:
___

의식주:
___

꼬르륵꼬르륵:
___

2 우리나라에서 외국인에게 꼭 소개하고 싶은 곳과 그 이유를 적어 보세요.

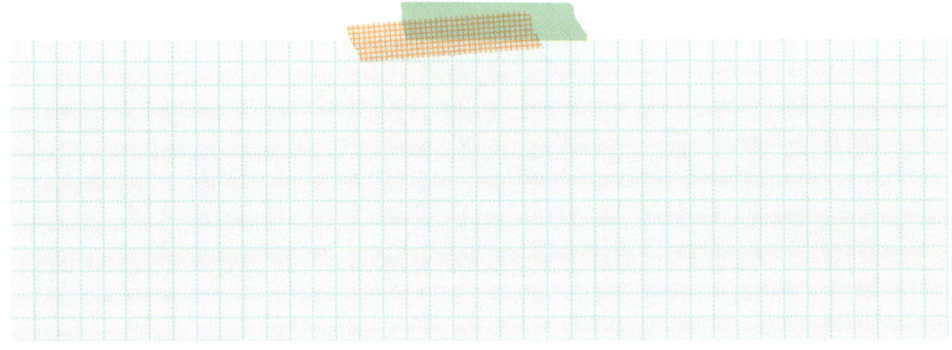

3 내가 가 보고 싶은 나라는 어디인가요? 가서 꼭 하고 싶은 일도 함께 써 보세요.

**1단계
단어를 담은 스토리텔링**

아름다운 회장 선거

새 학기가 시작되었습니다. 담임선생님은 학급 **회의**를 해서 회장을 뽑으라고 시간을 주었습니다. 아이들은 누가 회장을 하면 좋을지 수군거렸습니다. 1학기 회장 윤상이가 회의를 진행했습니다.

"애들아, 오늘 학급 회의 **주제**는 회장 선건데 먼저 너희들이 후보에 오를 친구를 **추천**해 주면 좋겠어."

그때 민지가 번쩍 손을 들었습니다.

"내 짝꿍인 성욱이를 회장으로 추천하고 싶어. 너희들 생각은 어때?"

순간 아이들이 조용해졌습니다. 성욱이는 장애가 있는 친구였기 때문입니다. 성욱이는 엄마가 성욱이를 낳을 때 고생을 하셔서 뇌병변 장애를 갖고 태어났습니다.

정적을 깨고 윤석이가 한마디 했습니다.

"성욱이는 휠체어 타는데 선생님 심부름 같은 걸 할 수 있겠어? 만약에 우리 반에 문제가 생기면 어떻게 해?"

그러자 민지가 기다렸다는 듯이 말했습니다.

"그건 네 생각일 뿐이야. 그런 일이 생길 거라고 미리 **상상**해서 사람을 뽑으면 아무 일도 못 해. 성욱이가 잘할 수도 있잖아."

"하지만 장애인이 회장이 되면 다른 반하고 축구 시합 같은 거 할 때 불리할 수도 있어."

윤석이도 지지 않고 말했습니다.

"다른 반과 시합하는데 뭐가 불리해? 우리 모두 다 힘을 합치면 되지. 장애인이어서 못 한다고 생각하는 너의 생각이 잘못된 거야. 나는 우리 반 누구나 **평등**하게 기회가 주어져야 한다고 생각해. 그러니까 성욱이도 충분히 회장 후보 자격이 있어."

민지의 **비판**에 아이들이 아무 말도 못했습니다.

"그럼 **선거**를 하기 전에 이 문제에 대해 **토론**을 해 보는 게 어때?"

윤상이가 아이들에게 말했습니다.

아이들은 각자의 의견을 자유롭게 나누었습니다. 서로 조금씩 다른 의견들이 다양하게 쏟아졌습니다. 그리고 토론 결과는 장애가 있다고 회장 일을 제대로 할 수 없다고 **유추**하는 것은 지나친 편견이나 차별이므로 모두에게 똑같은 기회가 주어져야 한다는 것으로 결론을 내렸습니다. 민지가 추천한 성욱이도 당당히 회장 후보에 오르게 된 것입니다.

"이제부터 회장 후보들의 이야기를 들어보자. 성욱이부터 해 볼래?"

윤상이의 말에 성욱이가 긴장되는 얼굴로 조심스레 말했습니다.

"얘들아! 내가 회장이 되면 다른 회장들처럼 뛰어다니거나 활발하게 활동은 못할 거야. 하지만 다른 반 회장들보다 책을 더 많이 읽어서 지혜로운 판단을 하고 너희들을 올바른 방향으로 이끌도록 노력할게."

성욱이의 말에 아이들이 너도나도 박수를 쳤습니다.

"와, 멋지다."

"맞아, 성욱이는 다른 아이들보다 책도 많이 읽고 잘하는 게 많아."

표결 결과 성욱이는 다른 후보들을 제치고 2학기 회장이 되었습니다. 민지가 성욱이를 보며 엄지손가락을 치켜세웠습니다.

그 모습을 지켜보던 선생님이 앞으로 나와 말씀하셨습니다.

"너희들이 민주적인 선거를 하는 모습이 너무 멋있다. 우리 반 2학기에는 정말 멋진 일이 많을 것 같아. 자, 다같이 파이팅 한번 외쳐 볼까?"

그러자 아이들이 큰 소리로 외쳤습니다.

"파이팅!"

2학기 회장 성욱이의 얼굴에도 방긋 미소가 번졌습니다.

2단계
고 박사님의 단어 노트

 **이야기에 담긴 단어 알기**

1. **회의**: 여럿이 모여 의논하거나 그런 모임.
2. **주제**: 대화나 연구 등에서 중심이 되는 문제.
3. **추천**: 어떤 조건에 맞는 대상을 책임지고 소개함.
4. **상상**: 직접 경험하지 않은 현상이나 사물에 대해 마음속으로 그려 봄.
5. **평등**: 권리, 의무, 자격 등이 고르고 한결같음.
6. **비판**: 현상이나 사물의 옳고 그름을 판단하거나 잘못된 점을 지적함.
7. **선거**: 일정한 조직이나 집단이 대표자를 뽑는 일.
8. **토론**: 어떤 문제에 대하여 여러 명이 각각의 의견을 말하며 논의함.
9. **유추**: 같은 종류의 것이나 비슷한 것에 기초하여 다른 사물을 미루어 추측하는 일.
10. **표결**: 회의에서 어떤 안건에 대해 찬성과 반대 의사를 표시하여 결정함.

고 박사님의 멘토링

장애란 무엇일까요? 그건 완벽하지 못함입니다. 인간은 누구나 완벽하지 못합니다. 신체적으로 부족한 것이 있을 수도 있고, 정신적으로 모자란 것이 있을 수도 있습니다. 게다가 사회적으로 잘 적응하거나 활동하지 못할 수도 있습니다. 이 모든 것을 우리는 크게 봐서 장애로 여깁니다. 한 마디로 장애는 우주의 법칙입니다. 이 우주에 완벽한 건 없기 때문입니다. 장애에 대한 올바른 시각이 필요합니다. 그래야 우리가 장애를 올바로 이해하고 받아들일 수 있습니다.

장애인을 만났을 때 올바른 에티켓을 알아볼까요?

장애인은 대개 무슨 일이건 혼자 해결하길 좋아합니다. 그렇기에 우리가 볼 때 힘들고 위험해 보여도 함부로 나서서 도와주면 안 됩니다. 장애인을 도울 때는 꼭 먼저 물어봐야 합니다. "도와 드릴까요?" 하고 물어본 뒤에 도와 달라고 하면 그때 도움을 주는 것입니다. 만일 장애인이 거절하더라도 당황할 필요는 없습니다. 그냥 "조심해서 가세요." 라고 하고 가면 됩니다. 누구에게나 그렇듯이 아무리 좋은 친절이라도 원하지 않는 것은 도움이 되지 않기 때문입니다.

3단계
개념을 위한 논술 교실

1 다음 단어를 넣어서 문장을 완성해 보세요.

회의:
___

추천:
___

선거:
___

평등:
___

비판:
___

2 나의 부족한 부분이나 약한 부분은 무엇인지 써 보세요.

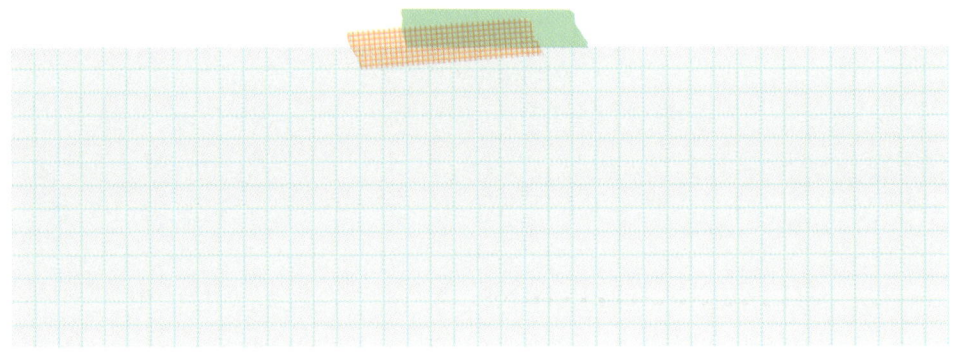

3　우리는 모두 완전하지 못합니다. 내가 생각하는 장애인은 어떤 사람인가요? 나의 생각을 글로 써 보세요.

**1단계
단어를 담은 스토리텔링**

기발한 학예회

은석이네 반은 학예회 준비로 바빴습니다.

"얘들아, 모둠별로 학예회 준비를 잘해 보자. 상품도 푸짐하단다."

선생님은 잘해 보라고 말씀하셨지만 무얼 어떻게 하라고 정해 주진 않았습니다.

은석이네 모둠은 모여서 학예회 준비에 대해 이런저런 이야기를 나누었습니다.

"좋은 아이디어 있으면 이야기해 봐. 스토리를 **구상**해 보자."

인석이 말에 아이들은 고개만 갸우뚱갸우뚱했습니다.

"댄스를 할까?"

"합창을 해 보자."

그렇지만 다른 모둠도 그 정도는 할 것 같았습니다.

"개그를 하자. 개그맨들처럼."

"하지만 그대로 따라 하는 건 **창의성**이 없잖아."

"하긴 그래……."

아이들이 아이디어가 없어 고민하고 있을 때 민지가 한마디 했습니다.

"옛날에 학예회 때 해 본 **경험**으로 말하면 제일 재밌었던 건 **수수께끼**였어."

"수수께끼?"

"예를 들면 이런 거야. 산토끼의 **반대말**은?"

그러자 은석이가 외쳤습니다.

"집토끼!"

"그렇지, 산토끼의 반대말은 집토끼가 맞아. 하지만 산토끼의 반대말은 또 있어. 예를 들어 산토끼 분장을 한 아이가 옆에서 죽는 시늉을 하는 거야. 힌트를 주는 거지. 정답이 뭘까?"

"죽은 토끼?"

"딩동댕!"

"하하하!"

아이들이 큰 소리로 웃었습니다.

"그거 재밌는데!"

"그래, 우리 이걸로 해 보자."

아이들은 각자 알고 있는 수수께끼를 이야기했습니다.

"머리 풀고 하늘로 올라가는 건?"
"몰라."
"그건 연기야."
아이들이 너도나도 수수께끼를 내자 그동안 아무 말도 하지 않고 있던 영석이도 한마디 했습니다.
"할아버지 할머니들이 제일 좋아하는 폭포는 뭔지 알아?"
"뭔데?"
"나이야 가라 폭포래."
"하하하! 좋은 아이디어네! 우리가 하얀 옷을 입고 폭포처럼 위아래로 마구 움직이다가 '나이야 가라!' 하고 외치면 재밌겠다."
"그래, 그래. 그것도 좋겠다."
아이들은 몇 가지 엉뚱한 아이디어로 **역할극**을 만들었습니다. 은석이가 어느 이야기부터 먼저 할지 **짜임**을 구성했습니다.
그때 은지가 한 가지 **꾀**를 냈습니다.
"애들아, 마지막에 세 얼간이 이야기를 넣어도 재밌을 것 같아. 얼간이들이 몸 개그를 마구 벌이는 거야."
"그것도 재밌겠다."
세 얼간이의 마지막 대화는 은석이가 쓰기로 했습니다.
"그러면 내가 오늘 집에 가서 **대본**을 써 올게."
"그래, 우리 내일 다시 만나서 이야기하자."

은석이네 조원들은 생각만 해도 쿡쿡 웃음이 나왔습니다.

그날 집에 온 은석이는 책을 꺼내서 재미난 이야기들을 **수집**했습니다. 그리고 낑낑대며 대본을 썼습니다.

"아빠, 제가 쓴 대본 어때요?"

"무슨 대본?"

"학예회 대본이에요."

아빠는 은석이의 대본을 꼼꼼히 읽더니 물었습니다.

"이거 네가 쓴 거니?"

"네, 왜요?"

"이 대본은 왜 쓴 거야?"

"네?"

"이 대본의 주제가 뭐냐고."

갑자기 은석이의 머리가 무거워졌습니다. 아빠가 잘못 썼다고 하면 어쩌나 두려웠기 때문입니다.

"그냥 재미있으려고 쓴 건데요?"

그러자 아빠가 빙그레 웃더니 말했습니다.

"그렇다면 성공이야. 웃기고 재미있어."

"저 정말요?"

"응, 글의 목적은 재미나 흥미를 주는 것도 있으니까."

은석이는 그제야 가슴을 쓸어내리며 안심했습니다.

2단계
고 박사님의 단어 노트

이야기에 담긴 단어 알기

1. **구상**: 앞으로의 일에 대해 그 일의 내용이나 규모 등을 어떻게 정할 것인지 생각함.
2. **창의성**: 다른 사람이 하지 않은 새로운 것을 생각해 내는 특성.
3. **경험**: 자신이 실제로 해 보거나 겪음.
4. **수수께끼**: 어떤 사물에 대해 바로 말하지 않고 빗대어 말하여 알아맞히는 놀이.
5. **반대말**: 뜻이 서로 정반대되는 관계에 있는 말.
6. **역할극**: 주어진 상황에서 참여자가 특정 역할을 담당하여 연기하는 극.
7. **짜임**: 조직 또는 구성.
8. **꾀**: 일을 잘 꾸며 내거나 해결하는 묘한 생각이나 수단.
9. **대본**: 연극이나 영화 제작에 있어서 기본이 되는 글.
10. **수집**: 거두어 모음.

 **고 박사님의 멘토링**

아이디어를 만들기 위해 필요한 건 여러 사람의 의견과 힘을 나누는 것입니다. 혼자 아이디어를 내려면 막막하다가 여럿이 이런저런 이야기를 하다 보면 그게 계기가 되어 기발한 아이디어가 나오기도 합니다. 이걸 '브레인스토밍'이라고 합니다. 머릿속에 폭풍을 일으켜 가라앉아 있던 기발한 아이디어를 끄집어내고 여러 사람이 거기에 살을 붙여 멋진 계획을 세우는 것입니다. 혼자보다는 여럿이 함께 하는 작업의 장점이기도 하지요.

 **학예회의 중요성에 대해 알아볼까요?**

학예회는 단순히 웃고 즐기는 시간이 아닙니다. 사람에게는 여러 가지 욕망이 있습니다. 그 가운데 큰 욕망 중 하나가 바로 남들에게 인정받는 것입니다. 자신의 특기나 재능을 보여 주고 칭찬을 받거나 보람을 느끼는 것은 중요합니다. 더 큰 꿈을 갖고 성장하는 데 없어선 안 될 중요한 요소이기 때문입니다. 학예회에서 그런 재주나 솜씨를 뽐내는 것은 자아 성취의 만족감을 갖게 하는 좋은 기회입니다. 자신감을 가지고 자신을 표현해 보세요. 분명 좋은 에너지를 얻게 될 것입니다.

3단계
개념을 위한 논술 교실

1 다음 단어를 넣어서 문장을 완성해 보세요.

반대말:
___

수집:
___

경험:
___

수수께끼:
___

꾀:
___

2 우리 반에서 학예회를 한다면 어떤 친구가 어떤 재능을 뽐내면 좋을지 생각해 보고, 그 이유를 써 보세요.

3 내가 만약 학예회 대본을 쓴다면 어떻게 구성할지 글로 써 보세요.

● 주제:

● 순서:

● 내용:

1단계
단어를 담은 스토리텔링

카페에서 알게 된 것

성환이는 저녁을 먹고 엄마, 아빠와 산책을 나갔습니다. 이렇게 동네를 한 바퀴 돌며 산책하는 시간이 너무 좋았습니다.
"이제 제법 시원한 바람이 부네."
엄마가 불어오는 바람에 머리를 가다듬으며 말했습니다.
모퉁이를 돌자 새로 생긴 카페가 보였습니다.
"어? 여기 또 카페가 생겼네."
"그러게 말이야."
"아빠! 우리 동네 카페가 몇 갠 거 같아요?"
"글쎄?"
"열 개가 넘어요."
"우리 동네에만 열 개가 넘는다고?"

"네, 여기 또 하나 생겼으니까 이제 열한 개네요."

"우리나라는 **인구**에 비해 카페가 너무 많은 것 같아. 장사가 다 될지 모르겠어."

"그러게 말이에요."

엄마도 고개를 끄덕였습니다.

"새로 생긴 카페 가서 음료수 한 잔 합시다."

성환이네 가족은 새 카페에 들어섰습니다. 카페 입구에 '**공정** 무역 카페'라는 문구가 써 있었습니다.

"아빠! 공정 무역이 뭐예요?"

"이 카페가 공정 무역 커피를 다루는 곳이구나."

커피와 주스를 시키고 기다리는 동안 아빠가 설명을 시작했습니다.

"공정 무역이 뭐냐 하면 **세계화**를 거쳐서……."

"네? 세계화는 뭐예요?"

"세계화는 한 마디로 전 세계가 한 나라처럼 물건을 사고팔게 된 것을 뜻해. 예를 들어 옛날에는 옷을 우리나라에서만 만들어 입었다면 이제는 전 세계에서 가장 싼 옷을 사다 입을 수 있게 된 거란다. **자본**이 자유롭게 넘나들며 나라들이 서로 활발한 **교류**를 하게 된 거지."

"와! 그래서요?"

"커피도 큰 회사들이 관리하고 있거든. 주로 못 사는 나라의 **산지촌**에서 커피 농사를 하는데 세계적인 큰 기업들이 그 커피를 싼 값에 사 가는 거야."

"그래서 우리가 마시는 거예요?"

"베트남이나 남미 같은 곳에서 커피를 재배하고 있지. 그런데 문제는 이 나라 농부들이 너무 힘들게 일하는 것에 비해 큰 기업들이 커피를 너무 싸게 사 가서 우리에게 비싸게 판다는 거야."

"그러면 회사가 돈을 많이 벌겠네요."

"하지만 노동자의 **권리**를 보장하지 않는 거지."

"그렇군요."

"이 지도를 봐."

아빠가 **등고선**이 그려져 있는 세계 지도를 보여 주며 말했습니다.

"여기가 커피가 나오는 나라들이야. 이런 나라들은 커피 **산업**이 크게 발전한 곳이기도 해."

성환이는 커피 하나에도 이런 많은 이야기가 있다는 사실이 놀라웠습니다.

"일부 의식 있는 사람들이 각자의 욕심을 버리고 공정한 가격을 주고 커피를 사 오자고 의견을 모았어. 그게 바로 공정 무역 커피야."

"커피를 비싸게 사 주는 거예요?"

"제값을 주고 사는 거지."

"그러면 커피 값이 올라가잖아요?"

"맞아, 커피 값이 **인상**될 수는 있지만 중간에 기업들이 큰 이익을 가져가는 걸 막기 때문에 많이 올라가지는 않아. 오히려 떨어질 수도 있어."

"아하, 그렇군요."

"이곳이 그런 공정 무역 커피를 쓰는 '공정 무역 카페'인 거야. 우리 앞으로 이 카페 자주 와야 되겠다."

성환이는 고개를 끄덕였습니다. 마시는 커피 하나에도 이렇게 많은 사람들의 땀과 수고가 담겨 있고, 이익을 위해서 치열하게 경쟁한다는 사실을 알게 되었기 때문입니다.

2단계
고 박사님의 단어 노트

이야기에 담긴 단어 알기

1. **인구:** 일정한 지역에 사는 사람 수.
2. **공정:** 공평하고 올바름.
3. **세계화:** 세계 여러 나라를 이해하고 받아들이는 것.
4. **자본:** 장사나 사업 등의 기본이 되는 돈.
5. **교류:** 서로 다른 물줄기가 섞이어 흐름. 문화나 사상 등이 서로 통함.
6. **산지촌:** 주로 임업과 목축업 등을 하는, 산지에 이루어진 마을.
7. **권리:** 권세와 이익.
8. **등고선:** 지도에서 해발 고도가 같은 곳을 연결한 곡선.
9. **산업:** 농업, 공업, 수산업, 임업, 광업 등의 생산을 목적으로 하는 일. 넓게는 생산과 직접 관계되지 않는 상업, 금융업, 서비스업 등을 포함하기도 함.
10. **인상:** 물건값, 요금 등을 올림.

 **고 박사님의 멘토링**

세계화란 무엇일까요? 과거엔 한 나라 안에서 물건을 생산하고 소비하는 경우가 많았습니다. 그러나 최근에 와서 과학 기술과 교통, 통신이 발달하면서 변화가 생겼습니다. 세계는 인종과 민족, 종교, 국가를 넘어 하나로 통합되고 있습니다. 정치, 경제, 사회, 문화가 뒤섞이고 있는 것입니다. 그에 따라 우리의 삶도 곳곳에서 변화를 느끼고 있습니다. 싼 중국산 티셔츠를 입고, 필리핀 바나나를 먹고, 외국산 자동차를 타게 되었습니다. 세계가 교류하며 하나의 시장, 하나의 사회가 되어 가는 것이 바로 세계화입니다.

 **공정 무역에 대해 알아볼까요?**

공정 무역의 주된 대상은 커피, 카카오와 같은 기호 식품입니다. 이 식품들은 세계화에 힘입어 소비가 늘어나고 있지만 생산자가 받는 돈은 아주 적습니다. 반면에 상품을 사서 판매하고 배분하는 일을 하는 큰 기업이나 중간 상인이 이익을 많이 가져가는 경우가 있습니다. 이를 알게 된 소비자들이 생산지 노동자들에게 정당한 대가를 지급하고 소비자에게는 싼 가격으로 상품을 제공하고자 펼치는 운동을 '공정 무역'이라고 합니다.

3단계
개념을 위한 논술 교실

1 다음 단어를 넣어서 문장을 완성해 보세요.

인구:

교류:

공정:

세계화:

권리:

2 세계는 크고 넓습니다. 나중에 커서 어떤 물건을 팔거나 사서 경제력을 가지면 좋을지 세 가지만 써 보세요.

1)

2)

3)

3 세계화 시대에 나의 꿈은 무엇인가요? 세계를 무대로 나의 꿈을 적어 보세요.

**1단계
단어를 담은 스토리텔링**

국민이 만드는 나라

삼촌은 시위에 나갈 준비를 하고 있었습니다. 토요일마다 국민의 뜻을 알리기 위해 촛불을 들고 광화문으로 나가고 있거든요.

"삼촌, 저도 따라가면 안 돼요?"

"너는 어려서 안 돼."

아빠가 말렸습니다. 그러자 삼촌이 잠시 생각하더니 말했습니다.

"형님, 민식이가 시위에 가 보는 것도 좋은 교육이라고 생각해요. 국민의 **기본권**이 뭔지 알게 되니까요."

"글쎄, 괜찮을까?"

아빠가 고개를 갸웃거리며 말했습니다.

"그럼요. 민식이도 **헌법**이 보장하는 국민이잖아요. **국가**는 국민이 주인이 되어서 이끄는 거고요."

"그래, 경험삼아 삼촌 따라 한번 가 보렴."

"와, 신난다! 삼촌 얼른 가요."

"그래, 출발하자."

민식이와 삼촌이 마주보고 웃었습니다.

광화문에 도착한 삼촌과 민식이는 시위하는 현장 한쪽에 자리를 잡았습니다. 평화로운 시위가 이어지면서 사람들이 하나둘 **발언권**을 얻어 각자 자기의 이야기들을 하기 시작했습니다. 어떤 아저씨는 머리에 띠를 두르고 나와 이렇게 말했습니다.

"저는 실업자입니다. 회사의 부당함에 반대하고 **파업**을 **주도**한 이유로 작년에 회사에서 해고되었습니다. 그래서 지금까지 노조를 위해서 싸우고 있습니다."

아저씨의 이야기를 들으면서 민식이는 삼촌에게 물었습니다.

"삼촌, 저 아저씨처럼 회사에서 못 다니게 되면 무슨 일을 해야 돼요?"

"글쎄? 회사를 못 다니면 아르바이트 같은 거라도 해서 **품삯**으로 생활해야지."

"품삯은 시급이잖아요. 월급보다 적겠어요."

"그렇지. 월급보다는 적지만 일을 안 하면 그나마도 못 벌기 때문에 고정 직업이 없는 실업자들은 힘들 수밖에 없단다."

아저씨는 이야기를 계속했습니다.

"사회가 **부정부패**로 물들면 그게 남의 일이라고 생각하지만 그렇지 않습니다. 사회가 바로 설 때 우리의 삶도 바로 설 수 있기 때문입니다.

정부가 **정치**를 잘못하면 **부동산** 가격도 올라가고 물가도 올라갑니다. 잘못된 나라를 우리 힘으로 바꿔야 합니다."

"옳소! 옳소!"

여러 사람들이 함께 외치는 목소리가 의견이 되어 우렁차게 울려 퍼졌습니다.

"삼촌! 이렇게 소리 지르고 의견을 낸다고 세상이 바뀌나요?"

"민식아, 세상은 우리 한 명, 한 명이 만드는 거야. 작은 목소리가 합쳐져 큰 목소리가 되면 세상이 바뀔 수도 있어. 그런 걸 우리는 민주주의라고 한단다. 바로 우리가 이 나라의 주인이기 때문이야. 오늘 내가 너를 이곳에 데리고 온 것은 이 나라가 너의 나라이고 우리 모두가 힘을 합쳐 만든 나라라는 것을 알려 주고 싶어서야."

"알겠어요."

민식이는 처음으로 시위 현장에 나갔지만 사람들이 평화롭게 자기의 이야기를 하는 것을 보며 큰 감동을 받았습니다. 올바른 나라를 만들기 위해서는 국민 한 사람, 한 사람이 똑바로 깨어서 행동하는 양심을 가져야 한다는 것도 그날 알게 된 교훈이었습니다.

"삼촌 나 이제 꿈이 생겼어요."

집으로 돌아오는 길에 민식이가 말했습니다.

"뭔데?"

"아까 그 아저씨처럼 많은 사람들 앞에서 내 주장을 이야기하는 연설가나 강사가 되고 싶어요."

"오, 아주 좋아. 오늘 이곳에 같이 오길 정말 잘했다."

삼촌과 민식이는 서로의 손을 굳게 잡았습니다.

2단계
고 박사님의 단어 노트

이야기에 담긴 단어 알기

1. **기본권**: 기본적 인간의 권리.
2. **헌법**: 한 나라 최고의 상위법으로 국가 통치 체제에 관련된 기본적 원칙과 국민의 기본적 권리, 의무 등을 규정한 것.
3. **국가**: 일정한 영토와 거기 사는 사람들로 구성되며, 주권을 가진 사회 집단.
4. **발언권**: 회의나 모임에서 자신의 의견을 말할 수 있는 권리.
5. **파업**: 노동자들이 노동 조건의 유지 및 개선 등을 위해 일제히 작업을 거부함.
6. **주도**: 주체적으로 이끌고 지도함.
7. **품삯**: 품을 사고 판 대가로 주거나 받은 돈이나 물건.
8. **부정부패**: 올바르지 못하고 타락함.
9. **정치**: 통치자나 정치가가 사회 구성원들의 다양한 이해관계를 조정, 통제하며 국가의 정책과 목적을 실현시키는 일.
10. **부동산**: 토지나 건물처럼 움직여 옮길 수 없는 재산.

고 박사님의 멘토링

내 주장을 펼치려면 먼저 나만의 생각이 필요합니다. 남들과 같은 생각을 갖고 있다면 남들이 나의 이야기에 관심을 갖기 힘들 것입니다. 내가 생각하는 것을 상대방에게 잘 전달하는 것이 목적이기에 말이 어렵거나 복잡해서도 안 됩니다. 간단명료하면서 분명하게 내 뜻을 알려야 합니다. 그래야 나의 생각이나 주장을 듣는 사람들이 공감할 수 있고 마음을 움직여 나와 뜻을 같이 해주기 때문입니다.

민주주의 원칙에 대해 알아볼까요?

민주주의에는 중요한 원칙이 있습니다. 바로 자유를 바탕으로 한다는 것입니다. 그 자유는 크게 언론 출판, 집회, 결사의 자유입니다. 다시 말해 자신의 주장을 여러 사람에게 알려 여론을 만들 수도 있고, 책을 펴내 읽게 할 수도 있으며, 모여서 뜻을 모을 수도 있습니다. 그리고 단체를 마음껏 만들 수 있는 자유입니다. 민주주의는 국민 한 사람 한 사람을 위한 것이며 우리 모두가 함께 만들어 가는 것입니다.

3단계
개념을 위한 논술 교실

1 다음 단어를 넣어서 문장을 완성해 보세요.

파업:

국가:

헌법:

품삯:

정치:

2 다음 주장의 근거나 타당성을 설명해 보세요.

휴지를 줍는 것이 애국이다.

3 나와 의견이 다른 사람들을 어떻게 설득할지 생각해 보고, 글로 써 보세요.

1단계
단어를 담은 스토리텔링

신나는 농촌 체험기

정민이네 반 아이들은 경기도에 있는 소송리 마을로 농촌 **체험**을 가게 되었습니다. 버스가 마을에 도착하자 마중 나온 할아버지와 할머니들이 들꽃으로 만든 목걸이를 아이들에게 하나하나 걸어 주었습니다.

"애들아, 어서 오너라. 환영한다."

아이들은 하나둘 마을 회관으로 들어갔습니다. 마을 회관에는 침대도 있고 세면장도 있었습니다.

"와! 깨끗하고 좋다!"

신이 난 아이들이 너도나도 침대에 누워 보았습니다.

그 모습을 본 **이장** 할아버지가 말했습니다.

"이게 다 나라에서 **세금**으로 만들어 준 거야. 너희들이 이곳에 와서 다양한 체험을 할 수 있도록 우리 **촌락**에 새롭게 생긴 거란다."

얼마 전부터 시골 마을을 활성화하기 위해 농촌 체험 마을이 많이 생겼습니다. 소송리도 그런 마을 가운데 한 곳이었습니다.

"할아버지! 신나요."

아이들은 물장구도 치고 개천에서 신나게 놀았습니다. 더위를 잊을 만큼 정말 시원했습니다.

"와! 시원하다!"

"재밌다!"

아이들은 등이 새까맣게 타는 것도 모르고 놀았습니다.

"애들아! 간식 먹어라."

물놀이가 지루해질 즈음, 할머니들이 찐 옥수수와 감자를 가져왔습니다. 냄새만 맡아도 **군침**이 절로 흘렀습니다. 아이들은 신나게 먹으며 할머니들의 이야기를 들었습니다.

"우리가 너희들 만할 때는 옥수수나 콩 **서리**도 하고 그랬단다."

"서리는 나쁜 거잖아요. 도둑질이요."

어떤 아이가 말했습니다.

"요즘은 그렇지만 옛날에 서리는 재미삼아 하기도 했단다. 우리 마을에 있는 아이들이 놀다가 자기 밭이나 남의 밭을 번갈아가며 했거든. 서로 다 알고 재미로 하는 거기 때문에 어른들도 눈감아 주었지. 하지만 그걸 모르고 다른 지역 사람들이 지나가다가 남의 밭에서 서리를 하면 그것은 **법**에 어긋나는 거란다."

"아하, 그렇구나."

정민이가 고개를 끄덕였습니다.

"한 마디로 내가 이 동네 아이라면 같은 친구들끼리 우리 밭에 데리고 가서 하는 거잖아요."

"그렇지. 서로 잘 아는 주민들끼리 하는 거니까 문제가 안 되는 거지."

"그럼 오늘 밤에 서리를 한번 해 보도록 하자."

이장 할아버지가 말했습니다.

"정말요?"

아이들 눈이 동그래졌습니다.

"오늘 저 수박밭에 몰래 들어가 보자."

"주인 할아버지가 원두막에 앉아 계신데요?"

"저 할아버지하고 나는 **벗**이야. 어렸을 때부터 친한 친구지. 아마 알아도 모른 척 해줄 걸. 허허허!"

사실은 이것도 미리 준비된 농촌 체험의 일부였지만 그것을 알 리 없는 아이들은 가슴이 두근두근했습니다.

밤이 되자 아이들은 하나둘 서리를 하러 나갔습니다. 팬티만 입고 온몸에 진흙을 발라 잘 보이지 않게 **변장**도 했습니다. 수박밭을 살살 기어가서 적당한 수박을 두들겨 보기도 했지만 원두막에 있는 할아버지는 모른 체하고 있었습니다.

정민이는 가장 크고 동그란 수박을 두들겨 보고 힘껏 땄습니다. 그때 원두막에 있던 할아버지가 큰 소리로 외쳤습니다.

"거기 수박 서리하는 녀석이 어떤 녀석이냐!"

깜짝 놀란 아이들이 너도나도 수박을 한 덩이씩 끌어안고 헐레벌떡 도망치기 시작했습니다.

"네 이놈들! 게 섰거라!"

아이들은 마을 회관으로 도망 와서 수박을 잘라 맛있게 먹었습니다.

조금 뒤에 마을 회관에 들어선 원두막 할아버지가 웃는 얼굴로 말했습니다.

"어때? 서리가 재밌었느냐?"

"네! 할아버지."

안심한 아이들이 큰 소리로 외쳤습니다.
"그래, 재밌었으면 됐다."
원두막 할아버지도 이장 할아버지도 함께 수박을 먹었습니다.
"너희들이 오니 마을에 생기가 넘치는구나. 내년에도 또 오너라."
"할아버지, 고맙습니다. 내년에도 꼭 다시 올게요."
그렇게 여름밤이 깊어 갔습니다. 하루 종일 뛰어논 아이들은 금세 잠이 들었습니다. 개구리 울음소리만 사방에 가득했습니다.

2단계
고 박사님의 단어 노트

 **이야기에 담긴 단어 알기**

1. **체험:** 어떤 일을 실제로 보고 듣고 겪는 것.
2. **이장:** 지방 행정 구역 단위인 리를 대표해 일을 맡아보는 사람.
3. **세금:** 국가가 필요한 경비를 충당하기 위해서 국민으로부터 거두어들이는 돈.
4. **촌락:** 시골 마을. 생활양식에 따라 농촌, 어촌, 산촌 등으로 나뉨.
5. **군침:** 입 안에 도는 침.
6. **서리:** 여럿이 모여 주인 몰래 남의 과일, 곡식, 가축 등을 훔쳐 먹는 장난.
7. **법:** 국가의 강제력을 수반한 사회 규범.
8. **벗:** 비슷한 또래로서 가깝게 사귀는 사람.
9. **변장:** 본래 모습을 알아볼 수 없게 옷차림, 얼굴, 머리 모양 등을 다르게 바꿈.
10. **안심:** 걱정을 떨쳐 버리고 마음을 편안히 먹음.

 **고 박사님의 멘토링**

체험 학습은 왜 중요할까요? 흔히 우리는 학습이라면 책을 읽고 문제를 풀며 암기하는 걸로만 알고 있습니다. 하지만 학습은 꼭 그런 것만은 아닙니다. 직접 활동하고 일하면서 배우는 것도 많기 때문입니다. 위대한 교육자 페스탈로치는 노작 교육론을 주장했습니다. 노작 교육론은 일하면서 배우고, 배우면서 일한다는 뜻으로 노동이 인간을 갈고닦게 해 주며 인격을 길러 준다는 것입니다. 체험 학습이 중요한 이유는 바로 이 때문입니다.

 **서리가 무엇인지 자세히 알아볼까요?**

서리는 우리나라 전통 풍습입니다. 주로 여름철 밭에서 여러 명의 아이들이 재미로 했던 것입니다. 보통 규모가 작은 먹거리를 가지고 했는데 서리한 채소, 과일 등은 여럿이 나누어 먹었습니다. 옛날에는 어른들도 알면서 모른 척 넘어가 주는 경우가 많았고, 서리를 하다 들켜도 꾸중을 듣는 정도로 끝났습니다. 농촌에서 자란 사람이라면 한 번쯤은 경험해 보기도 했을 것입니다. 이 장난은 가난한 시절 배도 채우고 스릴도 느끼는 장난스러운 놀이였다고 볼 수 있습니다. 물론 이 모든 것들은 옛날이었기에 가능했던 것이지요. 서리를 통해 우리 선조들의 넉넉한 인심도 엿볼 수 있습니다.

3단계
개념을 위한 논술 교실

1 다음 단어를 넣어서 문장을 완성해 보세요.

군침:

안심:

세금:

변장:

서리:

2 주로 노인들이 모여 사는 농촌 마을을 활기차게 만드는 방법은 무엇일지 세 가지만 적어 보세요.

1)

2)

3)

3 농촌 생활의 좋은 점은 무엇인지 생각해 보고 글로 써 보세요.

1단계
단어를 담은 스토리텔링

우리 집 경제 위기 대처법

"다들 거실로 좀 모여 보세요."

설거지를 마친 엄마가 가족을 불러 모았습니다.

"무슨 일이오?"

베란다에 나가 바람을 쐬며 작품을 구상하던 아빠도 거실로 들어왔습니다. 베란다에 서서 해가 지는 걸 바라보면 작품 구상이 잘 된다고 하는 아빠는 동화 작가입니다.

방에서 공부하던 지호도 거실로 나왔습니다. 엄마와 아빠는 요즘 **냉전**을 벌이고 있습니다. 부부 싸움을 했기 때문인데 엄마가 갑자기 온 가족을 불러 모은 것입니다. 엄마는 가계부를 꺼내 놓고 말했습니다.

"우리 **가계**가 지금 위기예요."

"엄마, 가계가 뭐예요?"

지호가 조심스럽게 물었습니다.

모르는 걸 아는 척하고 넘어갔다가 나중에 엄마에게 혼나기 때문에 지호는 항상 궁금한 건 바로바로 물어봅니다.

"가계는 집안 살림을 말하는 거야."

"아, 네……."

지호가 고개를 끄덕였습니다.

"요즘 우리 집에 **소득**이 줄어들고 있어."

엄마가 걱정스런 얼굴로 말했습니다.

"걱정이네. 인구가 줄어들고 아이를 많이 낳지 않아 내 동화책이 잘 안 팔려서 그래……."

아빠가 뒤통수를 긁적였습니다.

아빠는 동화책 **저작권**료를 받아서 생활하고 있습니다. 한때는 유명한 작가라고 책도 많이 팔렸지만 요즘은 도서관도 많이 생겨 책을 잘 사 보지 않게 되었고, 아이들도 많이 줄어 동화책이 팔려야 들어오는 수입도 줄어든 것입니다.

"그래서 대책을 세우려는 거예요. 수입이 줄어드니 우리는 살 **궁리**를 해야 하잖아요. 지호 너는 용돈을 주는 대로 먼저 다 써 버리고 나중에 또 돈을 달라고 하던데 그건 정말 안 좋은 버릇이야. 나중에 경제생활을 어떻게 하려고 그래?"

엄마는 조곤조곤 지호 잘못부터 지적했습니다.

"죄송해요.……."

지호는 할 말이 없었습니다. 충동적으로 먹고 싶은 것을 사거나 함부로 돈을 써서 쪼들리는 경우가 가끔 있었기 때문입니다.

"앞으로 너는 용돈 기입장을 꼭 쓰도록 해. 내가 일주일에 한 번씩 **확인**할 거야."

"네, 알겠어요."

"그리고 당신한테도 **요청**할 게 있어요."

"응, 그게 뭐요?"

아빠도 눈치를 보며 대답했습니다.

"당신도 글 쓸 때 필요하다면서 쓸데없이 볼펜이나 필기구 비싼 걸 사는데, 요즘은 대부분 컴퓨터를 쓰는데 왜 그런 걸 사나요? 앞으로 그

취미를 줄여 주세요."

"알았어요. 당신 말 잘 듣고 **주의**할게요."

아빠도 고개를 끄덕였습니다.

"주부가 집에서 살림하는 게 별거 아닌 것 같지만 **가사 노동**을 돈으로 계산하면 꽤 비싸다는 건 알지요?"

아빠가 고개를 끄덕였습니다.

지호도 엄마가 하루 종일 집을 쓸고 닦고 음식 만드는 걸 돈으로 계산하면 몇 백만 원은 되겠다고 생각했습니다.

"그래서 앞으로 쓰레기 **분리수거**는 지호가 하고 아빠가 도와줘요."

"알았어. 그건 나랑 지호랑 맡아 할게요."

"우리 가족이 다시 근검절약하고 아껴 쓰면 어려운 경제 위기를 잘 헤쳐 나갈 수 있을 거예요."

"나는 좀 더 재미있는 작품을 쓰도록 노력할게요."

아빠가 방긋 웃으며 말했습니다.

지호도 가만있을 수 없었습니다.

"엄마, 저는 쓸데없는 데 용돈 쓰지 않고 더 절약할게요."

"좋아! 우리 모두 파이팅 하자."

그날 밤 아빠와 엄마는 화해하고, 지호네 가족은 조금 더 알뜰하게 살기로 서로에게 약속했습니다.

2단계 고 박사님의 단어 노트

이야기에 담긴 단어 알기

1. **냉전:** 두 대상의 대립 또는 갈등 구조를 비유적으로 이르는 말.
2. **가계:** 한 집안 살림의 수입과 지출 상태.
3. **소득:** 일해서 얻은 정신적, 물질적 이익이나 수입.
4. **저작권:** 문학, 예술, 학술 등의 창작 저작물에 대한 저자 또는 대리인의 권리.
5. **궁리:** 마음속으로 이리저리 고민하며 깊이 생각함.
6. **확인:** 틀림없는 사실인가를 알아보거나 인정함.
7. **요청:** 어떤 일이나 행동을 청함.
8. **주의:** 마음에 새기고 조심함.
9. **가사 노동:** 가정 살림을 꾸려 나가기 위해 하는 노동.
10. **분리수거:** 쓰레기나 재활용품 등을 종류별로 나누어 거두어 감.

고 박사님의 멘토링

근검절약은 부지런하고 검소하여 꼭 필요한 데만 돈이나 물건을 써서 아낀다는 뜻입니다. 이것은 예부터 모든 사람이 지켜야 할 생활 규범으로 전해져 왔습니다. 공자도 나라를 이끄는 지도자의 덕목으로 '쓰임새를 아끼고 백성을 사랑하라'고 가르쳤습니다. 우리나라에서는 다산 정약용이 유배지에서 아들에게 보낸 편지에 이 근검절약이 잘 드러나 있습니다. 그는 아들에게 삶을 넉넉히 하고 가난을 구제할 수 있는 두 글자를 주니, 소홀히 하지 말라며 '부지런할 근(勤)'과 '검소할 검(儉)'을 주었다고 합니다.

욜로는 무엇을 뜻하는 말일까요?

욜로는 현재를 즐기며 사는 생활을 말합니다. 원래 뜻은 영어로 'You Only Live Once(한 번뿐인 인생)'이라는 말에서 'YOLO' 즉, '욜로'를 만든 것입니다. 이 단어에는 '한 번뿐인 인생을 충분히 즐기며 살라'는 의미가 담겨 있습니다. 너무 바쁘게 앞만 보고 달리는 것을 경계하라는 뜻이지만 잘못 실천하면 부작용이 생길 수도 있습니다. 예를 들어 이런 부작용이 소비와 연결될 경우 쓰지 않아도 될 돈을 마구 쓰거나, 계획 없이 미래를 위해 준비할 돈까지 써 버릴 수 있기 때문입니다. 무엇이든 그 의미를 올바로 알고 자기에게 맞는 생활을 하는 것이 가장 중요합니다.

3단계 개념을 위한 논술 교실

1 다음 단어를 넣어서 문장을 완성해 보세요.

가사 노동:
___

소득:
___

확인:
___

분리수거:
___

주의:
___

2 내가 가장 돈을 많이 쓰는 것은 무엇인지 써 보고, 그 이유를 적어 보세요.

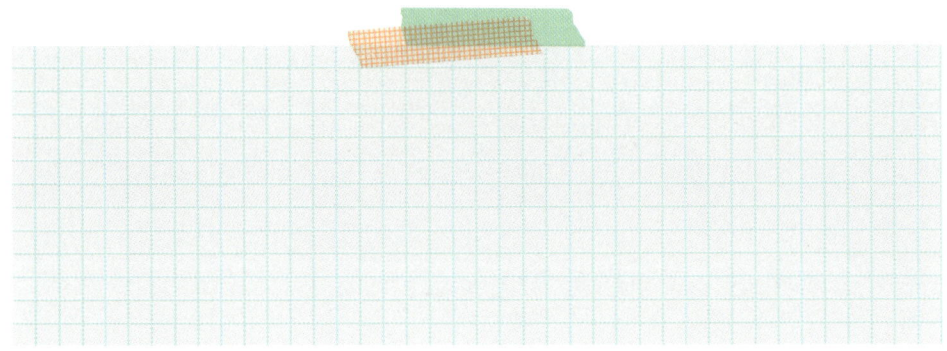

3 절약을 하려면 무엇을 줄여야 할까요? 그리고 절약을 해서 모은 돈으로 무엇을 하고 싶은지 써 보세요.

1단계
단어를 담은 스토리텔링

지구촌 난민 돕기

"아빠! 이것 좀 보세요."
거실에서 컴퓨터를 하던 철민이가 화면을 가리키며 말했습니다.
"왜? 무슨 문제 있어?"
신문을 보던 아빠가 철민이에게 다가왔습니다.
"아뇨, 이것 좀 보세요. 아란티스*란 나라에서 **전쟁**이 일어나서 많은 사람들이 다치거나 죽었대요."
"그래?"
이 나라는 **독재**자가 통치하고 있는 나라였습니다. 국민들의 **자유**를 억압하고 권리를 **박탈**하자, 이에 반대하는 세력들이 들고 일어나 전쟁이

*아란티스: 가상의 나라.

일어났습니다. 전쟁이 발발한 이듬해에는 수많은 **난민**들이 이웃 나라로 도망가는 일이 벌어져 온 세계를 떠들썩하게 했습니다.

"이 아기 좀 보세요."

동영상을 보니 때 묻은 옷을 입은 아기가 **아장아장** 걸어가는 것이 보였습니다.

"어? 저 아기가 왜 저러니?"

설거지를 마친 엄마도 다가와 화면을 들여다보았습니다.

"저 아기 이름이 이크발인데요. 아빠, 엄마가 폭탄에 맞아서 죽고 혼자 저렇게 난민 캠프로 걸어가는 거래요. 사람들이 너무 불쌍하다며 지금 온라인 서명을 하고 있어요."

화면을 보던 아빠가 말했습니다.

"우리나라도 6·25 전쟁이 났을 때 수많은 전쟁고아가 생겼단다."

아빠의 말에 철민이의 얼굴이 어두워졌습니다.

"왜 같은 **민족**끼리 싸우는 걸까요? 꼭 우리나라 같아요."

"그래, 아란티스는 서로 다른 종교를 가진 국민들이 싸우다 같은 민족끼리 전쟁까지 일으키게 된 거야. 게다가 독재를 하고 있으니 민주주의를 위한 **투쟁**까지 일어나면서 난민이 발생하게 된 거지."

그때 내용을 살피던 철민이가 반가운 얼굴로 말했습니다.

"아빠, 이 기사를 공유하면 후원금을 보낼 수 있대요. 이렇게 공유 한 번 할 때마다 백 원씩 모인데요. 벌써 전 세계에서 몇 만 명이 모였어요."

"그럼 우리도 공유하자."

"네, 아빠."

철민이는 이크발 동영상을 공유했습니다.

"요즘은 인터넷을 통한 다양한 **매체**가 있어서 참 좋구나. 전 세계 소식을 그때그때 알 수도 있고."

"그러니까요."

아빠의 말에 철민이가 고개를 끄덕이며 말했습니다.

인터넷 동영상을 끄자 공익 광고가 떠올랐습니다. 아직도 전 세계에서는 밥을 굶거나 난민이 되어 생명까지 위협받는 어린이들이 많다는 내용이었습니다. 후원금을 모으는 것을 보던 철민이는 후원 계좌 번호를 메모해 놓았습니다.

"철민아, 그건 왜 메모하는 거야?"

엄마가 미소를 띤 얼굴로 물었습니다.

"저, 저번에 세뱃돈 받은 오만 원이 있어요. 그거 내일 보내 주려고요."

"우리 철민이 정말 착하구나. 그럼 엄마도 오만 원 보낼게."

그러자 옆에 있던 아빠도 나섰습니다.

"나는 내일 회사 가서 우리 사무실 직원들에게 모금해 볼게."

철민이는 이크발 동영상 기사도 공유하고, 불쌍한 **지구촌** 난민 어린이들을 위해서 10만원을 기부할 수 있게 되었습니다. 어서 날이 밝아 은행으로 달려가고 싶은 마음에 철민이는 그날 밤 잠을 설쳤습니다. 잠든 철민이 얼굴에 빙그레 미소가 지어졌습니다.

2단계
고 박사님의 단어 노트

이야기에 담긴 단어 알기

1. **전쟁**: 나라 또는 단체들 사이에서 무력을 사용해서 행하는 싸움.
2. **독재**: 특정 개인이나 집단이 모든 권력을 쥐고 마음대로 처리하고 지배함.
3. **자유**: 구속받거나 얽매이지 않고 자기 뜻에 따라 행동하는 것.
4. **박탈**: 남의 재물이나 권리, 자격 등을 빼앗음.
5. **난민**: 전쟁이나 재난 등을 당해 곤경에 빠진 백성.
6. **아장아장**: 작고 아담한 사람이나 짐승이 이리저리 가볍게 천천히 걷는 모양.
7. **민족**: 오랜 세월 공동생활을 하며 언어와 문화의 공통성을 가지고 형성된 사회 집단.
8. **투쟁**: 단체나 개인이 어떤 목적을 이루기 위해 또는 극복하기 위해 힘쓰거나 싸움.
9. **매체**: 소식이나 사실을 널리 전달하는 물체나 수단.
10. **지구촌**: 지구 전체를 한마을처럼 생각하여 이르는 말.

고 박사님의 멘토링

더불어 사는 세상은 우리의 희망입니다. 얼핏 보면 이 세상은 내가 열심히 노력해서 먹고 사는 것 같지만, 내가 잘 살 수 있게 반드시 누군가 도와주고 있습니다. 장사꾼은 물건을 사 주는 사람이 있어야 하고, 운동선수는 실력을 알아주는 관중이 있어야 하는 이치입니다. 그래서 이 세상은 사람과 사람이 연결되어 있는 커다란 마을이나 마찬가지입니다. 더불어 사는 세상이기에 남이 어려울 때는 도와주고 함께 나누어야 나중에 나도 어려운 일을 겪게 될 때 누군가의 도움을 받을 수 있는 것입니다.

지구촌 난민에 대해 알아볼까요?

난민은 살고 있던 나라에서 박해를 받거나 전쟁, 테러, 가난 또는 천재지변으로 인해 다른 나라로 삶의 터전을 옮긴 사람들을 말합니다. 난민은 인류의 역사상 늘 있었지만 정식으로 인정된 것은 제2차 세계대전 이후입니다. 동유럽을 떠난 피난민들을 법적으로 정의하면서 정식으로 개념을 확립했습니다. 요즘 난민이 크게 발생하는 주요 국가로는 아프가니스탄, 이라크, 미얀마, 수단, 팔레스타인 등이 있습니다.

3단계
개념을 위한 논술 교실

1 다음 단어를 넣어서 문장을 완성해 보세요.

전쟁:

난민:

아장아장:

자유:

지구촌:

2 세계적으로 어려움에 처한 사람들을 돕는 방법은 무척 많아요. 어떤 방법들이 있는지 세 가지만 적어 보세요.

1)

2)

3)

3 내가 만약 난민이 되어 떠나야 한다면 어떤 물건을 가지고 갈 것인지 생각해 보고, 그 이유를 글로 써 보세요.

The vocabulary is a bullet!

Knowing a lot of vocabulary means broadening your thinking. If you know the name of the thing, you no longer need to find a dictionary for it. Having good vocabulary is like making a lot of things mine. It's no different than taking a lot of bullets when a soldier goes to war.

If you don't understand many vocabularies in your textbooks in elementary school, no matter how much you study in middle and high schools, your working is like building a tower on the sand. One of the reasons why you have to read many books and write a lot is to make these vocabulary yours. This book is designed for such children.

We extracted words from textbooks and introduced the words with interesting storytelling. It makes you know the use of a word naturally through a story, summarizes the meaning for you, and throws the thoughts related to away to you. Also this book is organized the mentoring section to deepen your knowledge. In addition, it provides you training to think through various essays for writing, and makes you learn to practice by writing articles that fit the given topics.